相手と自分の心を癒す

# 白魔法の心理学

渋谷昌三



日本文芸社

# はじめに

子供から大人まで、TVゲームが人々の生活になじむようになってから、ずいぶん長い年月が経過しました。数あるもののなかでもロールプレイングゲーム（RPG）の人気は高く、特に魔法が登場するゲームは世界中で親しまれています。主人公が仲間とともに目的地を目指す過程で、次々と現れる敵との闘いを通して、強くたくましくレベルアップしていくのもRPGゲームの醍醐味ともいえます。

さて、皆さんもまた「現実の社会」で、設定したゴールや目標に向けて、日々奮闘されていることと思います。なかには職場や学校など、自分の置かれた環境で身も心もすり減らし、傷ついているのにもかかわらず、自分にムチを打ちながら毎日を過ごしている人もいるかもしれません。

もし家族や友人など、心が傷ついた人が周囲にいたら励ましてあげたいし、それが自分自身であれば、どうにか癒して元気になりたいと願うのは当然です。

心理学はそのようにダメージを受けている人のために役立つ、いわばＲＰＧに出てくる『回復魔法』のようなツールといえます。「心を科学的に解明する」学問から得られる、数々の知識を活用することで、自分や仲間の心を回復したり、思わぬ相手の攻撃から身を守ったりすることができるのです。

本書では特に、誰もが簡単に実践できる白魔法のような心理学のテクニックを取り上げました。仕事ではもちろん、恋愛、家族、お金、会話などあらゆる悩みに応用していただけるテクニックばかりです。ゲーム感覚で目を通していただくことで経験値のアップにつなげ、皆さんなりの人生の目的地に向かっていくための力となれば幸いです。

渋谷　昌三

## 第1章 大事な人の心を回復させる魔法

## 第2章 自分の心を守れる魔法

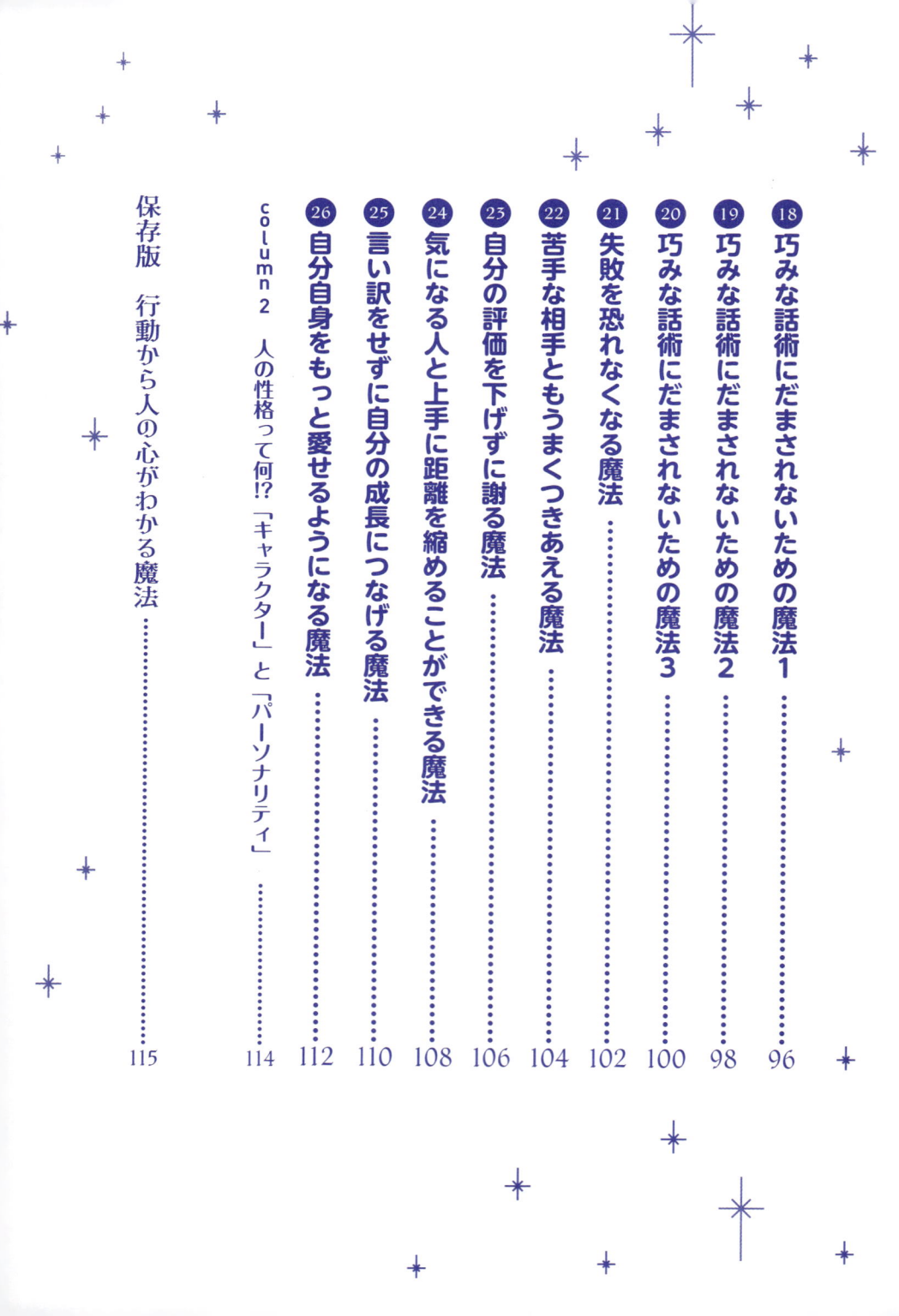

# 第1章

# 大事な人の心を回復させる魔法

# 1 上手にこっそりと人を励ます魔法

## 直接ではなく口コミでホメれば効果は増大

欲しいものがあったり、外食したりする際、最近はスマホで検索するのが当たり前になってきました。そこであなたが真っ先に参考にしているのは「口コミ」ではないでしょうか。メーカーやお店と利害関係がない、いわゆる普通の人々が書き込んでいるので、ここで高い評価を受けることはより信頼性も高いと思われているのが理由です。

これは**ウィンザー効果**といい、**当事者や関係者が発信する情報よりも第三者が発信した情報のほうが受け手から信頼されやすい**という心理効果です。別

### ワンクッション置くことで心に響くウィンザー効果

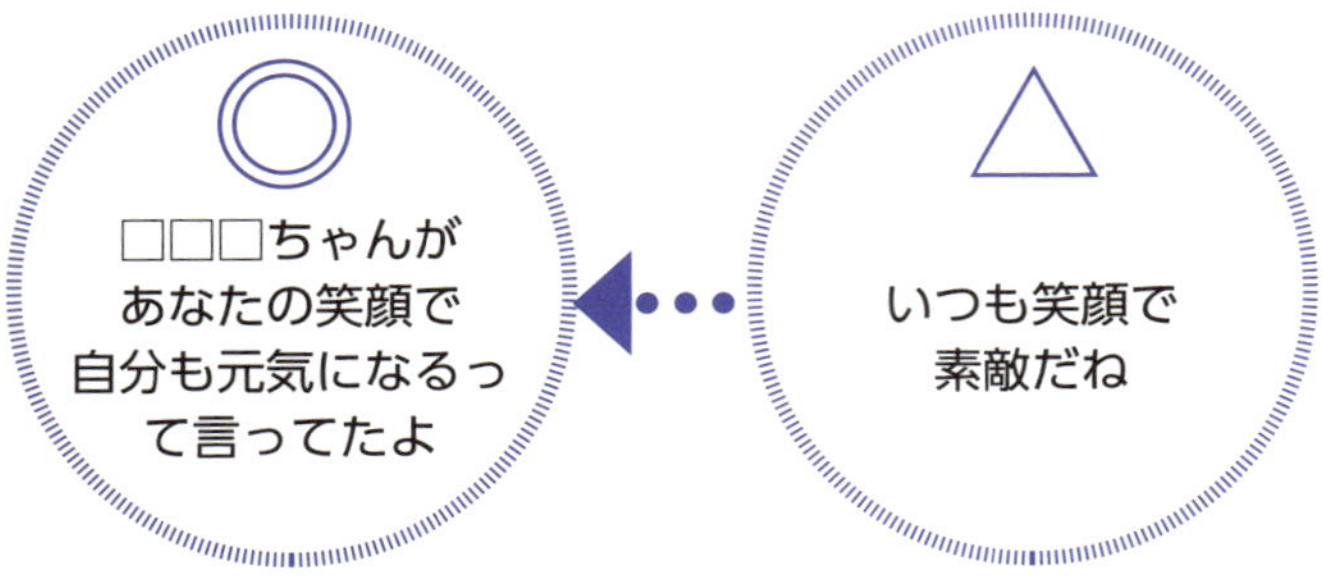
△
いつも笑顔で素敵だね
◎
□□□ちゃんがあなたの笑顔で自分も元気になるって言ってたよ

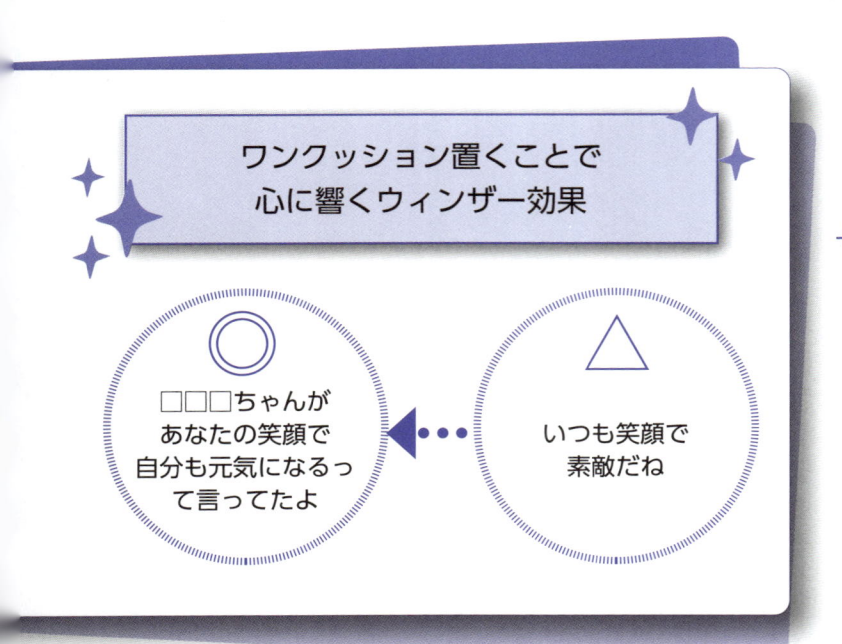

名「**口コミ効果**」とも呼ばれています。

今や多くの人が参考にする口コミですが、似たような効果を対人関係でも活用できます。

たとえば友人や後輩を励ましたいとき、「頑張ってるね」と直接声をかけるのではなく、「○○の頑張りはスゴイんだよ」と周囲の人たちに当人を高く評価していることを伝えるのです。人は直接ホメられると「お世辞かな」ととらえてしまって信じてくれないことも多いもの。ところが、**間接的にホメられると本心からの言葉なのだろうと素直に受け止めてもらえる**のです。

これは陰口ならぬ陰ホメといえるでしょうか。「□□さんがホメてたよ」と本人に伝わるまでは少々時間がかかるかもしれません。でも、陰ホメにより、周囲に対する当人の評価アップも期待できるので励ましの効果は確実にあるのです。

No good...

新しくできた、
あの角のラーメン屋
さんは味が濃いって
誰かから聞いたよ

マイナスイメージなことも第三者の言葉にすると印象に残りやすいので注意が必要！

○○さんが
あなたのこと
気になってる
みたい

友人から本人に伝えてもらうことで
相手もこちらが気になることも

○○さんの
リーダーシップは
すばらしいって、
課長が言って
ましたよ

ワンクッションを置いた効果的な言い方はビジネスシーンでも使える！

# 2 落ち込んでいる人が復活する魔法

## 相手の話にじっくり耳を傾けることが一番の癒しになる

いつもは元気な友人や大切な人が、暗い表情を浮かべ、ためいきを繰り返しているとします。

そんなとき、私たちはついつい「どうしたの？元気出そうよ」というひと言をかけてしまいがちです。

ところが、実のところ、それは適切な対応とはいえません。

落ち込んでいる人に接する際、まず心がけてほしいのは、**相手の話をじっくり聞いてあげる**ことです。落ち込んでいる人たちが、心の奥底で求め

落ち込んでいる人には
「聞くこと」と「共感」を！

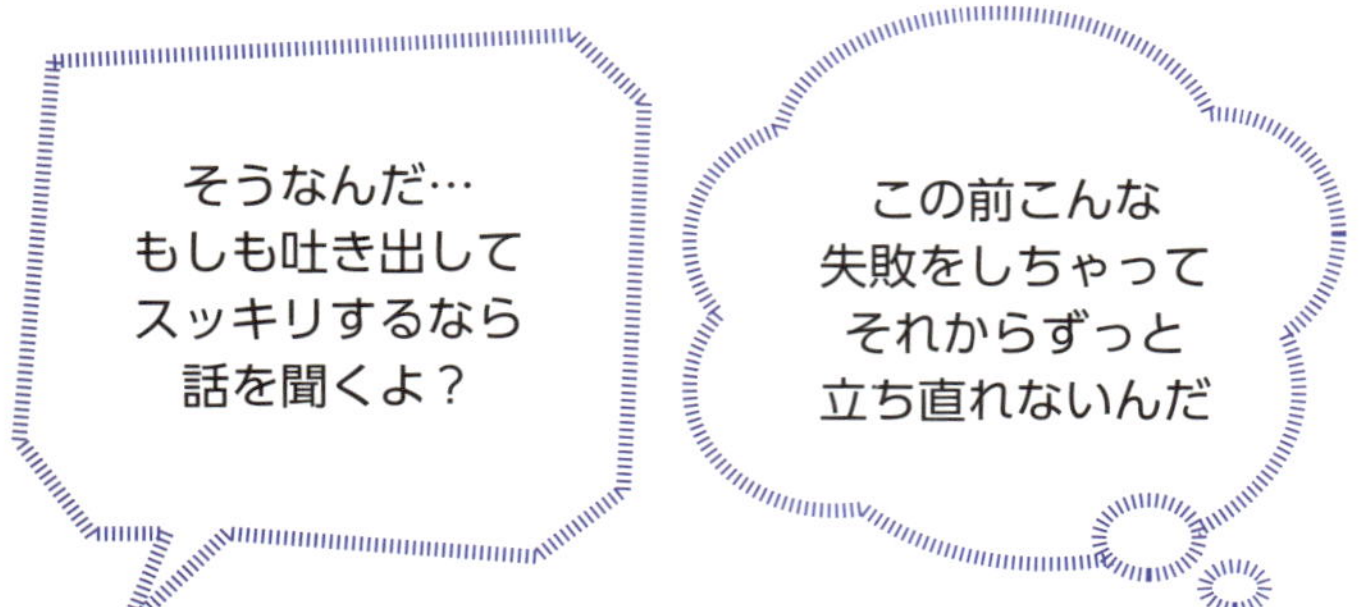
そうなんだ…
もしも吐き出して
スッキリするなら
話を聞くよ？
この前こんな
失敗をしちゃって
それからずっと
立ち直れないんだ

ていること。それは、自分の気持ちに寄り添い、じっくり話を聞いてくれる人の存在なのです。

心の問題を取り扱う専門家である心理カウンセラーは、**傾聴**といって、**相談者が心に抱えている不安や悩みなどに、しっかり耳を傾ける**ことを重要視しています。他人に打ち明ける過程で、知らず知らずのうちに心の内に秘められていた問題に気づかされ、自然と自分のなかで解決策を見出せることも多いからです。

傾聴の際、注意したい点が一つあります。相手の悩みや落ち込んでいる理由を聞いていると、つい**解決策を示そうとしたり、アドバイスしてしまいそう**です。でも、これはNGです。適度にあいづちを打つ、時として相手の言葉を繰り返すなどして**共感**する姿勢を示し、相手に寄り添うような態度で接するのがよいでしょう。

そうなんだ、
それはびっくり
したよね…
それから
どうしたの？

話を聞きながら、
出来事に共感する
ことも大事！

そんな失敗は
誰にでもあるよ！
経験として
次はもっと
うまくできるよ！

アドバイスはしないで聞き役にまわるのが正解！話を途中でさえぎるなどもってのほか！

うんうん…

そうなんだ！

○○○○
なの？

話が止まらないなら、あいづちを打ったり相手の言葉を繰り返すなど、しっかり聞いていることを表して！

# 3 相手を傷つけずに面倒な頼みを断る魔法

## 気の乗らない誘いは イエスバット法で上手に断る

仲のよい会社の同僚たちと飲み会をしようと以前から計画していたとしましょう。ところが、それを知らない係長から、その当日に「今夜飲みに行こう」とお誘いを受けてしまいました。

でもここは楽しみにしていた仲間との飲み会を優先したいところ。ただ、普通に断ってしまっては上司との関係にヒビが入る可能性もあります。

そんなときには**イエスバット法**を活用しましょう。これは**一度前向きな答えをした後に、すでに予定があるなどの理由をつけて断る方法**です。

### 相手を傷つけない断り方
### イエスバット法

今日のお昼は久しぶりに
二人でトンカツを食べに
行こうじゃないか
いろいろ話したいことも
報告もあるし…

うわー
今日のお昼は
あのカフェでゆっくりと
本を読みながら
プレートランチを
食べたいんだよな…

ここでは「係長と飲みに行きたいです（YES）。ですが（BUT）、残念なことに今日は夕方から大事な打ち合わせが入ってまして…」ともっともらしい理由をつけて断ります。しかし、最後に「**今回は残念ですが、また誘ってください**」とひと言添えるだけで相手の印象は全然違います。

申し出を一度肯定しただけに「しかし」と否定の意見を述べても相手の気分を害することはありません。ただ、断る理由について、ウソの理由は避けたほうが無難です。たとえ同僚たちとの飲み会でも多少は仕事の話も出るはずなのでそれを過大解釈して「大事な打ち合わせ」という理由にしてしまうのです。ただ飲み会の際、後でバレてしまわないように参加したメンバーには「大事な打ち合わせということで係長のお誘いを断ってしまったからね」ときちんと伝えておくことを忘れずに。

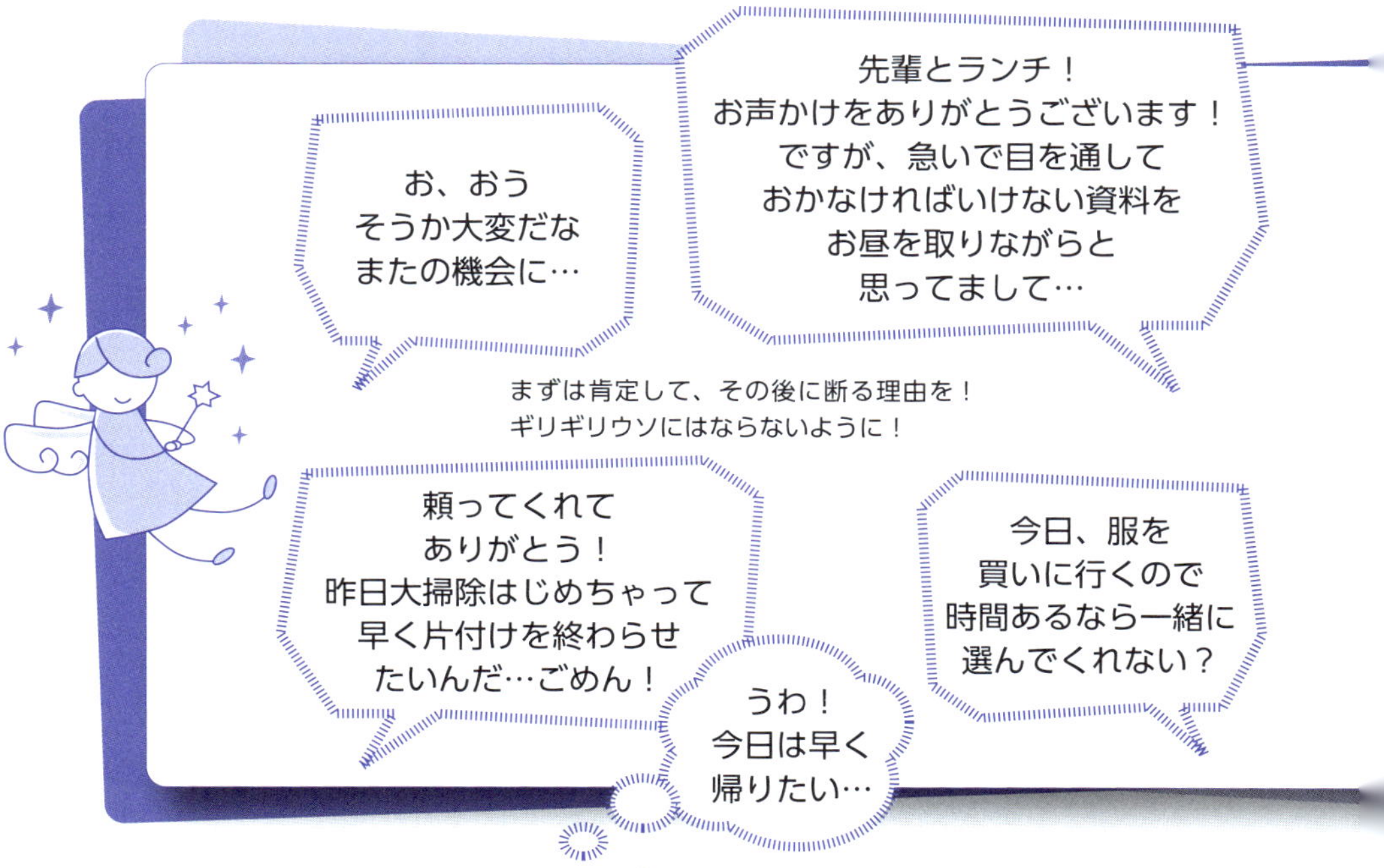

先輩とランチ！ お声かけをありがとうございます！ ですが、急いで目を通しておかなければいけない資料をお昼を取りながらと思ってまして…

お、おう そうか大変だな またの機会に…

まずは肯定して、その後に断る理由を！ ギリギリウソにはならないように！

今日、服を買いに行くので時間あるなら一緒に選んでくれない？

頼ってくれてありがとう！ 昨日大掃除はじめちゃって早く片付けを終わらせたいんだ…ごめん！

うわ！ 今日は早く帰りたい…

# 4 失敗してクヨクヨしている相手を救う魔法

## 失敗をポジティブに変えるような言葉で励ましてあげる

仕事で失敗をしてしまい、ひどく落ち込んでいる同僚を見かけたあなた。

「こんなことぐらいでクヨクヨしないで」と励ましたくなりますが、より相手の心に効く有効な声かけがあります。

**「大丈夫。今回のおかげで、このプランに秘められていた弱点が浮き彫りになったのだから、結果オーライだよ」**

こんなふうに**見方によってはポジティブな発見もできる方向を示してあげる**のがいいでしょう。

リフレーミングで
相手を元気づけよう！

すみません、大事なプランをこんなところでミスしてしまって

おかげで弱点がはっきりしたから、これからさらに順調に進められるよ！

思考の枠組みを
チェンジ！

これは心理学で**リフレーミング**と呼ばれるものです。思考の枠組みを変えるような言葉をかけることで、落ち込んでいる相手を励ますのに効果的な手法です。直面している問題に**違った角度からアプローチしたり、解釈を変えたりすることで、意図的に考え方を前向きなものにしていく**わけです。一般的には、欠点や不安などネガティブな事柄をいつもとは違った枠組みを使い、ポジティブなものとしてとらえる見方のことを指します。

このリフレーミングは、他人だけでなく自分自身の考え方にも活用できます。たとえば、健康診断で思わぬ病気が初期の段階で見つかったときなど、「かなりやばい状態になってから見つかる人もいるのだから…」と最悪の事態に比べれば「**このぐらいで済んでよかった**」と思考の枠組みを変えれば、ずいぶん気持ちも楽になるはずです。

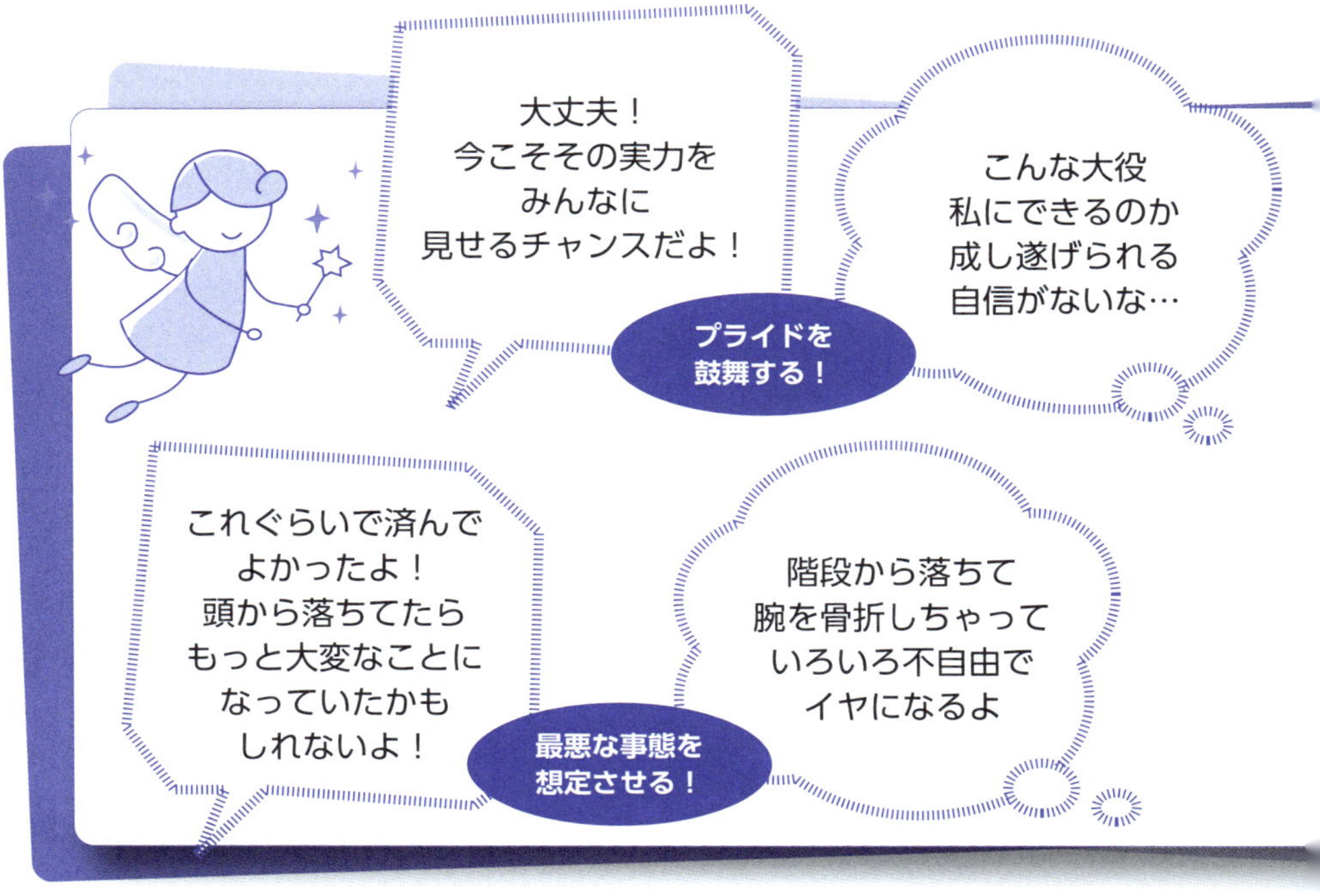

こんな大役私にできるのか成し遂げられる自信がないな…

大丈夫！今こそその実力をみんなに見せるチャンスだよ！

プライドを鼓舞する！

階段から落ちて腕を骨折しちゃっていろいろ不自由でイヤになるよ
これぐらいで済んでよかったよ！頭から落ちてたらもっと大変なことになっていたかもしれないよ！

最悪な事態を想定させる！

# 5 相手に安心感を与えてうれしくさせる魔法

## 幼い頃に両親にホメられた記憶を呼び起こす「頭ポンポン」

子供時代にお父さん、お母さんから頭をなでられた経験を持っている人は多いと思います。

この**「頭ポンポン」「頭なでなで」**は大人になっても社会生活のなかで上手に活用すれば、さりげなく相手に安心感を与えることもできます。

「相手をホメたいとき」「なぐさめたいとき」などに、異性の相手に対し、頭の上に軽く手をのせてポンポンとなでるようにしてあげるのです。落ち込んでいるときに、清潔感のある男性などにされると「思いやりの気持ちが伝わってくるから結

魔法のしぐさ
「頭ポンポン・頭なでなで」

子供の頃の経験＝連合の原理

頭をなでられる（動作） → ホメられている（認識） → うれしい！（感情）

構うれしい」と感じる女性も比較的多いようです。

頭をなでられる際、通常は「ホメられた」「励まされた」と受け取り、うれしく思うはずです。子供のときの体験から「頭をなでられる＝ホメられている」と認識されるからでしょう。「頭をなでられる」という記憶と「ホメられる」という記憶が合わさって「気持ちのよい動作」という記憶が残っている状態です。心理学では、このように**「動作」と「気持ち」がセットとなること**を**連合の原理**と呼んでいます。

とはいえ、**男性から女性へのボディタッチは、セクハラと見なされないよう、細心の注意が必要**です。自分に好感を抱いている相手以外にはやらないほうが無難です。また、女性が男性にする際も、プライドが高い人などはイヤと感じる場合もあるので気をつけましょう。

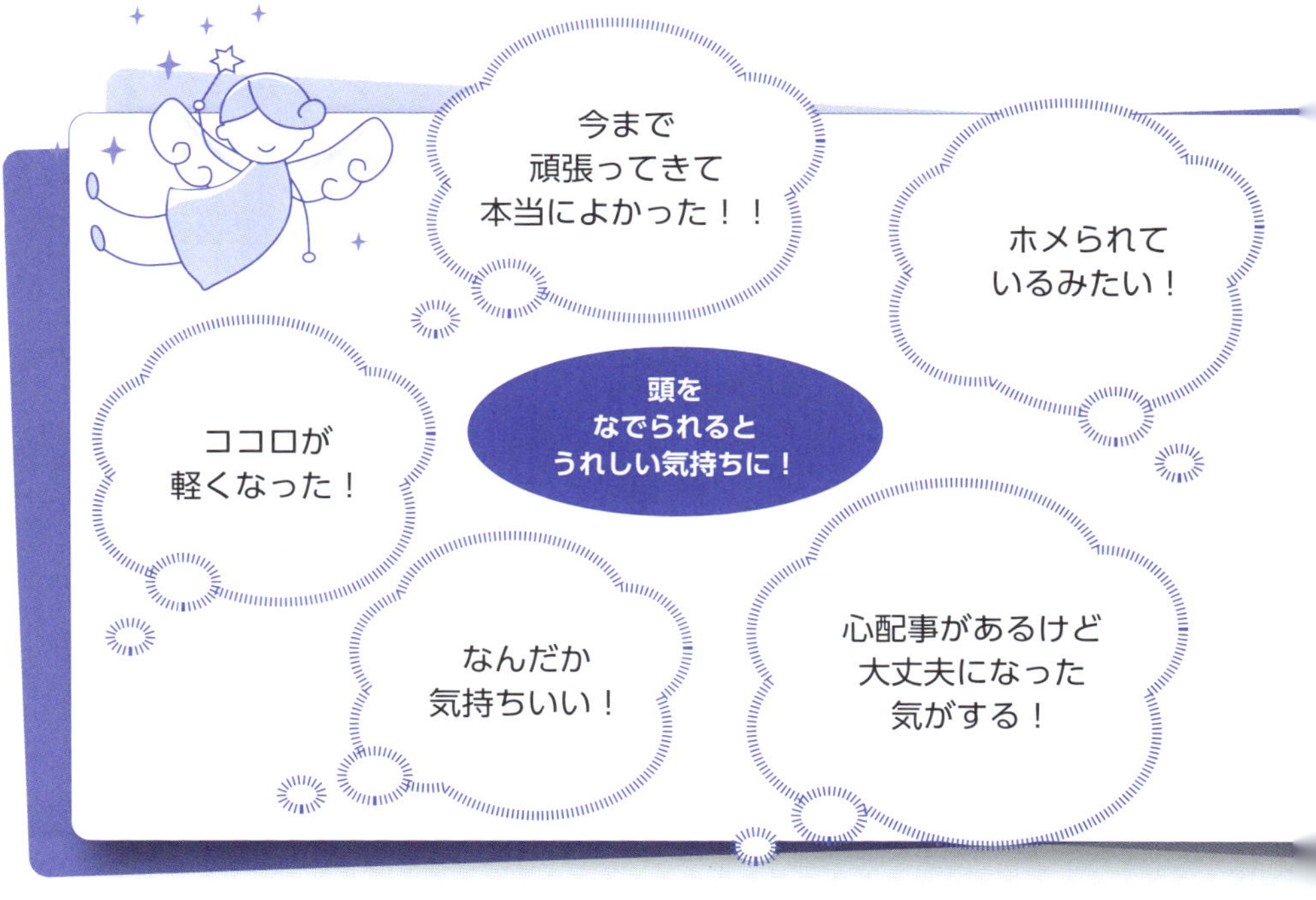
頭を
なでられると
うれしい気持ちに！
今まで
頑張ってきて
本当によかった！！
ホメられて
いるみたい！
ココロが
軽くなった！
なんだか
気持ちいい！
心配事があるけど
大丈夫になった
気がする！

# 6 うまくいっている人に気持ちよく教えてもらう魔法

## 教えるほうも気持ちよく聞きたいことを教えてくれる

海外旅行好きな知り合いとの会話のなかで、「この間、アジアのリゾートに行ったとき、リーズナブルなのに最高のホテルを見つけちゃった」という話が出たとします。あなたも近々、海外旅行を予定していて、いいホテルの選び方や安くて美味しいレストランを探す秘訣をうまく聞き出したいところです。質問して快く答えてくれればいいのですが、相手が苦労して得たノウハウだけに簡単には教えてもらえないかもしれません。

そんなときは**質問形式でホメるのが有効**です。

相手に気持ちよく
物事を教えてもらうには

ありがとう！
あれは準備にとても
時間をかけたから
きっとうまく
進められたんだ

あんなに難しい案件を
スピーディに
終わらせるとは
本当にすごいですね！

まずはホメて
気持ちよくなって
もらう！

やり方としては「さすが海外旅行慣れしている人は、ホテル探しも上手なんですね」と最初にホメ言葉をかけます。それから「安くていいホテルを探すコツは何ですか？」とか「おすすめの航空会社は？」などと目的の秘訣を聞き出すようにします。どんな**優秀な人でも他人から認められたい（承認欲求）というのが本音**なので、うまくおだててあげましょう。それでも教えてくれない人には、**仮定質問**を追加します。「もしかして異常にコミュ力が高くて地元の人から教えてもらえちゃうとか？」という具合です。**「もしかして」と仮定として質問**している分、相手のガードもゆるんできます。すると、少し核心に迫って質問したところで、答えてもらえる可能性は高まるのです。

　相手を気持ちよくさせながら、聞きたいことを引き出せるウィンウィンテクといえるでしょう。

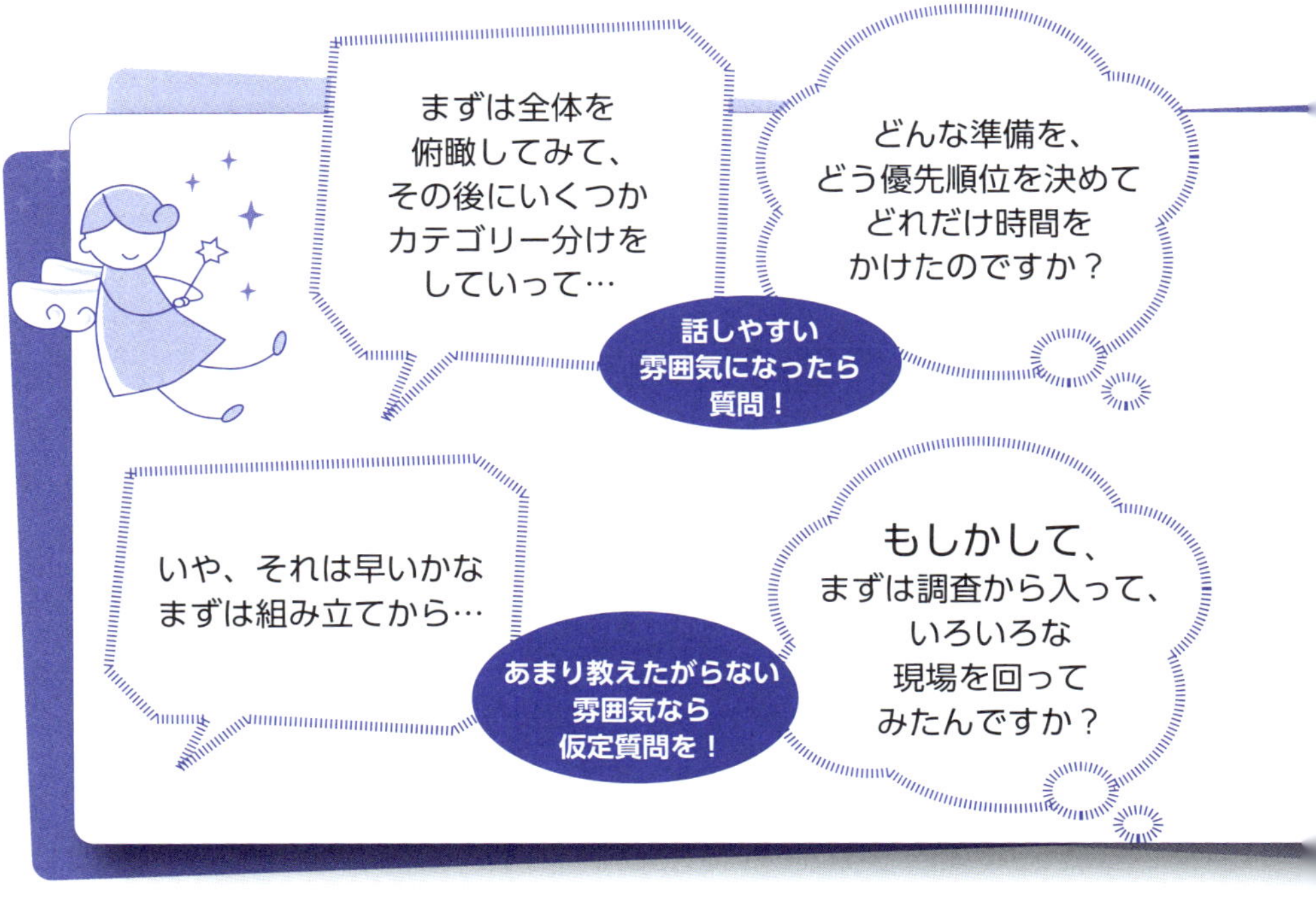

どんな準備を、どう優先順位を決めてどれだけ時間をかけたのですか？
まずは全体を俯瞰してみて、その後にいくつかカテゴリー分けをしていって…
話しやすい雰囲気になったら質問！
もしかして、まずは調査から入って、いろいろな現場を回ってみたんですか？
いや、それは早いかなまずは組み立てから…
あまり教えたがらない雰囲気なら仮定質問を！

# 7 相手をやる気にさせるホメて伸ばす魔法

## 成果を出してほしい相手にはホメ続けて期待する

一緒に仕事をしている後輩が今一つ自信なさげでやる気を感じられないとしましょう。チームで仕事をする以上は、一人ひとりが存分に実力を発揮して成果につなげたいものです。

そんなときは、その後輩に**ひたすら期待の言葉をかけてあげましょう**。「君には期待してるよ」「今日のクライアントへの対応、よかったぞ」など何かあるたびにホメ言葉をかけ続けます。

すると、当人はやる気に満ち、実際に仕事での結果も出していくようになるのです。

たくさんホメて
やる気アップで成果にもつながる！

次のあの件も
君の提案が
楽しみだ

いつも思った以上の
仕事をしてくれて
本当に助かっているよ！

期待
しているよ！

こんなに
期待してくれるんだ
頑張ろう！！

これは**ピグマリオン効果**といいます。**人は周囲から期待をかけられるとその期待に応えようとする心理が働き、結果を出そうと奮闘する**のです。ホメ言葉は何でもいいわけではなく、相手をよく観察して、よいところを見つけたらホメてあげるようにします。ただ、見えすいたホメ言葉は禁物です。逆に不信感を持たれてしまうからです。

ちなみにこれはマイナスの働きについても同様の効果があります。ネガティブな言葉をかけ続けるとどんどんやる気を失っていき、悪い結果に陥る（**ゴーレム効果**）こともあるので要注意です。

また、なかにはホメるより叱ったほうが伸びる人もいます。特に反骨精神のある人は、叱られると「なにくそ、認められてやるぞ」と力を発揮することもあるので、どちらのタイプかを見極めることも大切です。

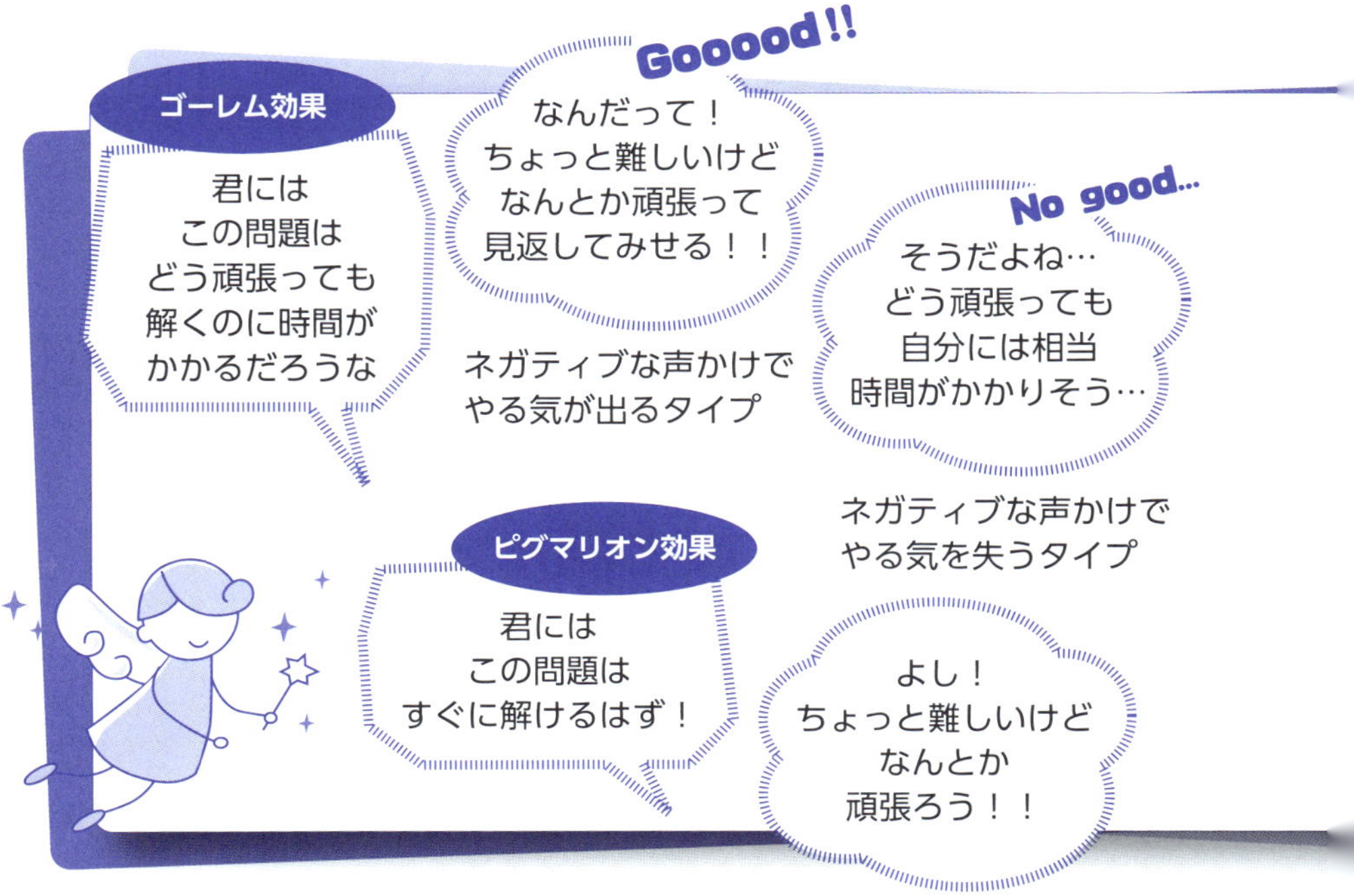

ゴーレム効果
君には この問題は どう頑張っても 解くのに時間が かかるだろうな
Gooood!!
なんだって！ ちょっと難しいけど なんとか頑張って 見返してみせる！！
ネガティブな声かけで やる気が出るタイプ
No good...
そうだよね… どう頑張っても 自分には相当 時間がかかりそう…
ネガティブな声かけで やる気を失うタイプ
ピグマリオン効果
君には この問題は すぐに解けるはず！
よし！ ちょっと難しいけど なんとか 頑張ろう！！

# 8 気が合わない相手とも団結できる魔法

## 互いの共通の敵を設定することで ライバルが強力な仲間に変身

自分の周囲にライバルのような存在で、気が合わないと感じている人物がいることがあります。実力は自分と似たり寄ったりで、互いに意識し合い、正直なところ「負けたくない」と思っています。

そんな人と組まされて、あるプロジェクトを進めなければならない状況になったとしましょう。互いに勝ち負けにこだわりすぎて、肝心の仕事の進行の妨げになることは避けなければなりません。

そこでうまくやっていくコツは、**二人にとって共通の敵と思える人物を設定してしまう**ことで

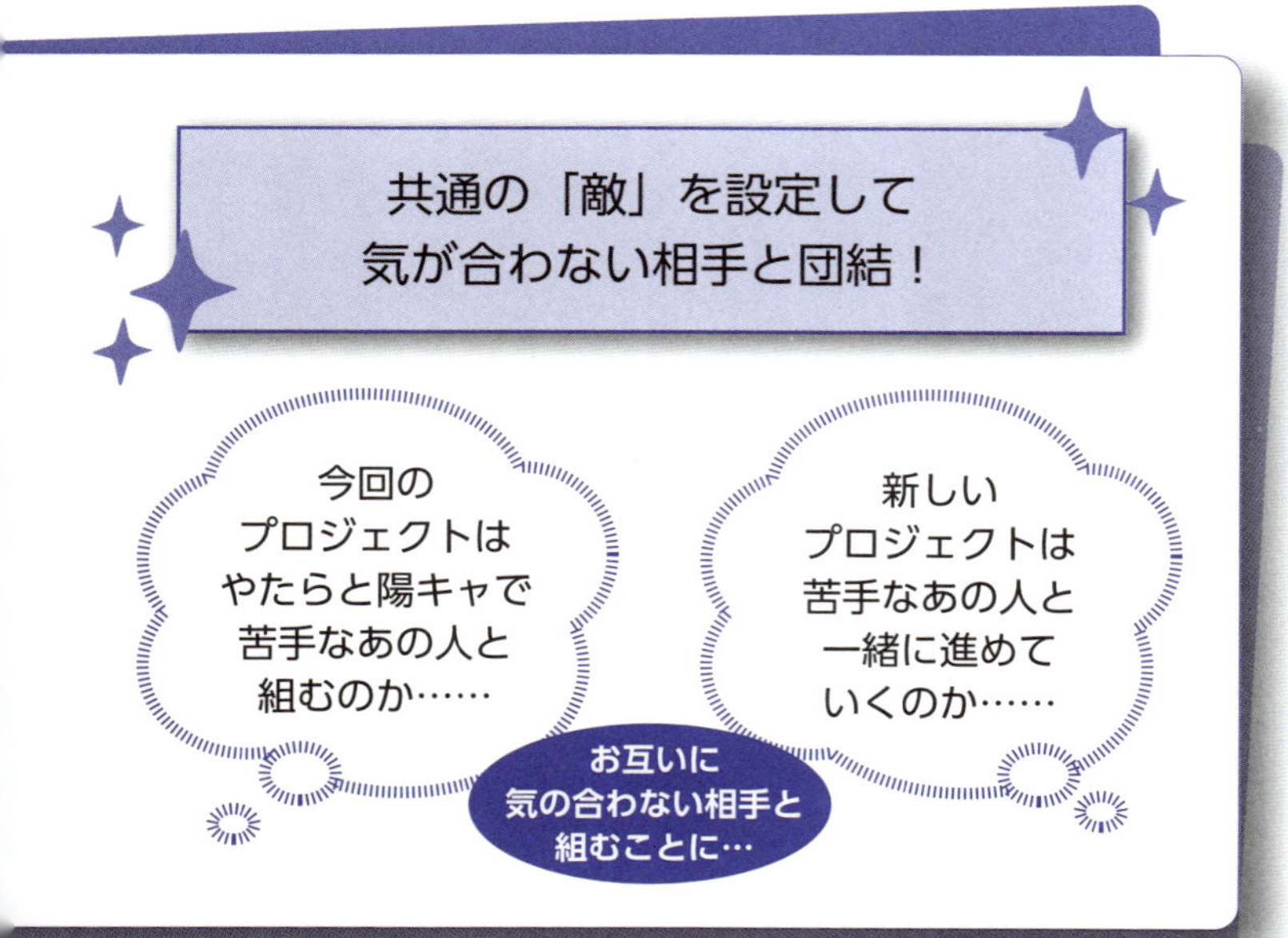
共通の「敵」を設定して
気が合わない相手と団結！
今回の
プロジェクトは
やたらと陽キャで
苦手なあの人と
組むのか……
新しい
プロジェクトは
苦手なあの人と
一緒に進めて
いくのか……
お互いに
気の合わない相手と
組むことに…

す。敵は得意先のちょっといじわるな管理職とか、部署内にいるいつも部下を見下している上司などでいいのです。「アイツの鼻をあかしてやろうよ」と共同で闘う作戦を練るわけです。二人で力を合わせて仕事を成功させて、その人物を見返してやるために協力関係を結ぶのです。

人には**自分と似ている人を好きになる性質があり、好きなものや趣味が同じ人を好きになりやすい**のです。これを心理学では**認知的バランス理論**と呼んでいます。意外なことに正反対の性質、つまり**嫌いな人や嫌いな事柄が同じというときも相手を好きになる**のです。マイナスの感情とマイナスの感情が同じ対象に向かっているとき、その二人は友好関係になるという状況です。自分の味方は多いほうがいろいろな面で有利に運ぶもの。ぜひ「敵の敵は味方」作戦を試してみては？

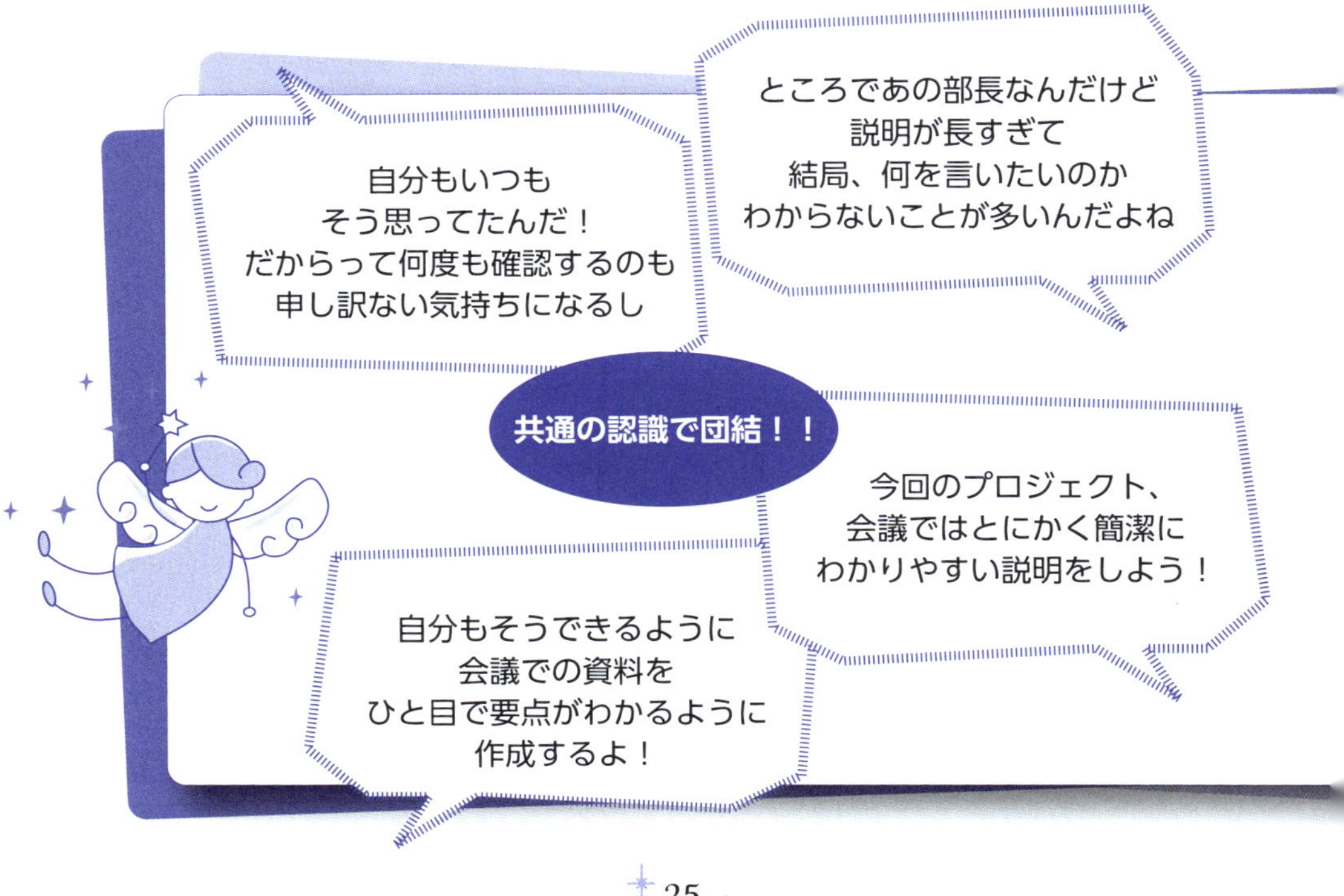

ところであの部長なんだけど
説明が長すぎて
結局、何を言いたいのか
わからないことが多いんだよね
自分もいつも
そう思ってたんだ！
だからって何度も確認するのも
申し訳ない気持ちになるし
共通の認識で団結！！
今回のプロジェクト、
会議ではとにかく簡潔に
わかりやすい説明をしよう！
自分もそうできるように
会議での資料を
ひと目で要点がわかるように
作成するよ！

# 9 意見を言えない人が気持ちよく話せるようになる魔法

## ちょっとおかしな意見を出して会議の雰囲気をゆるくしてあげる

ブレーンストーミングやミーティングの際、参加メンバーのなかで発言しない人が時々います。

こういう人は、話を理解していないと周囲の人から思われたり、自分の意見が否定されたりすることを極端に恐れていることが多いのです。

組織のなかで**自分の考えや気持ちを誰に対してでも安心して発言できる状態**を**心理的安全性**と呼びます。最近では「生産性が高いチームは心理的安全性が高い」という研究結果もあり、心理的安全性を高めることが個人や組織の効果的な学習や

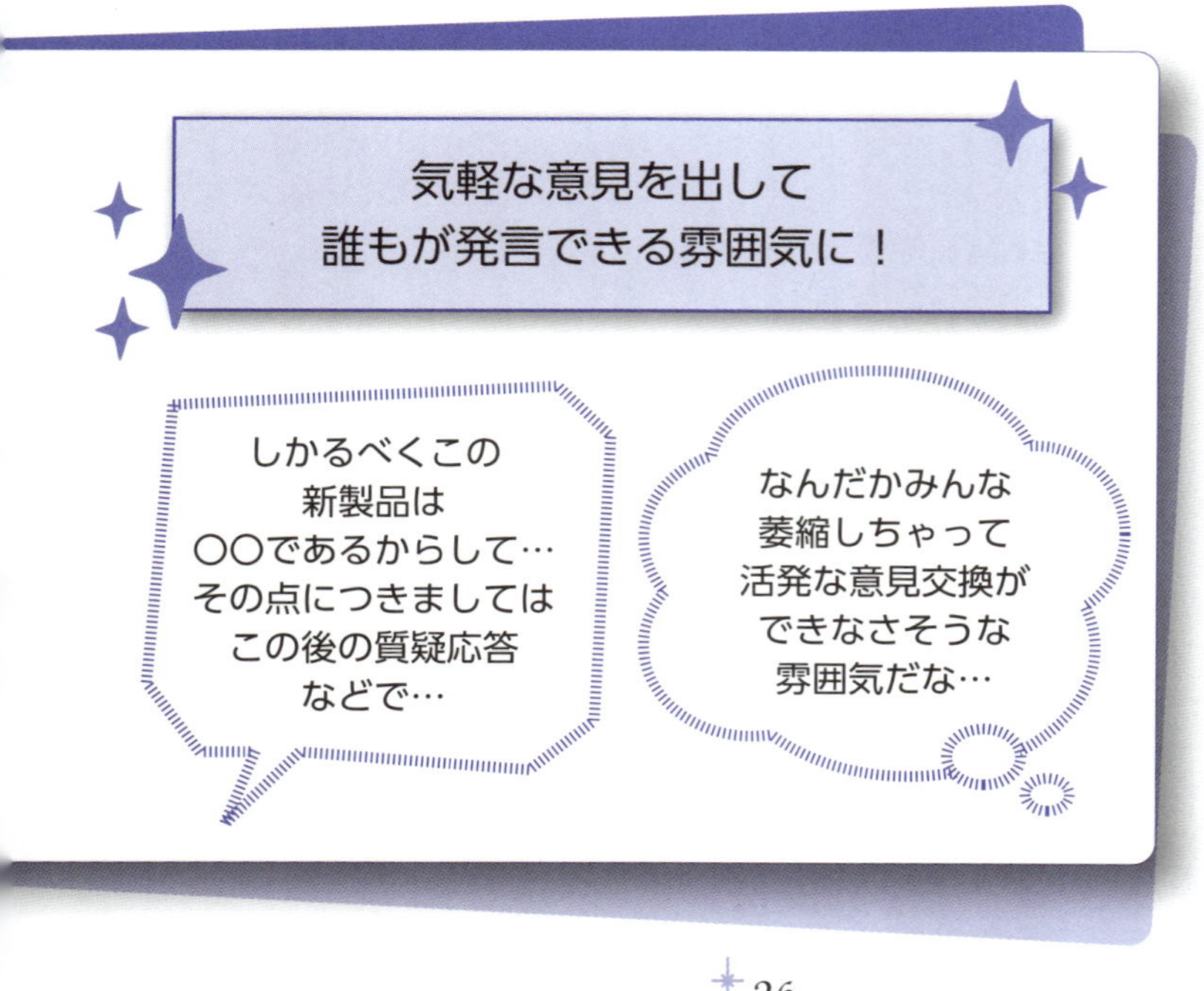
気軽な意見を出して
誰もが発言できる雰囲気に！
しかるべくこの新製品は○○であるからして…その点につきましてはこの後の質疑応答などで…
なんだかみんな萎縮しちゃって活発な意見交換ができなさそうな雰囲気だな…

革新につながると考えられ注目を集めています。

実際、引っ込み思案なメンバーばかりでは満足な意見も出ず打ち合わせになりません。ならば、あなたが盛り上げ役を買って出てしまえばいいのです。

やり方は簡単。**ちょっとおバカな意見を出してあげる**のです。たとえば、新商品立案のブレストであれば「おならの出ないさつまいもチップスとかあるといいよね」みたいな、実現不可能であってもその場が和むようなひと言でいいのです。

こんなふうに心理的安全性を高めてあげれば、周囲の人たちも「自分の意見がたとえ変でも大丈夫そう」と思いはじめ、発言しやすくなるのです。そうして参加メンバーが自分の意見を一度口にすることで、次々と新しいアイデアが生まれる過程を成功体験として目の当たりにするため、次回からの打ち合わせも確実に盛り上がるはずです。

はい！ それはたとえば 橋の端を歩くときに 持っている箸を落とさないで 歩けるような製品 という感じでしょうか？
なるほど いい例えですね！！ そして完璧な イントネーション ですね！
なんだ 割と自由に発言して いいかもしれないな
よし！ 気がついた点を 言ってみよう

# 10 空気の読めない人を会話にとけ込ませる魔法

## 相手の知らなさそうな分野の質問を投げかけてしまうのが効果的

自己主張の強い、その場の空気の読めない人と会話を交わすのはかなり疲れるものです。

こういう人は**自己中心性バイアス**が強いと考えられます。自己中心性バイアスとは、他の人の感情を読み取る能力が不足しており、何かにつけて**自分目線で物事を考えてしまう傾向**をいいます。

ここではそんな人がいる会議の席でスムーズな打ち合わせができないときのために、さりげなく会話の主導権を手放させ、うまくその場にとけ込ませてあげる方法をご紹介しましょう。

無理をしてしまい、周りの会話と
噛み合わない相手がいたら

私が聞いた話では
□□は競合のＡ社が
すでに取り扱ってる
らしいので、ウチも
乗り遅れないように
しないと

私だったら
○○にしますね
○○だったらきっと
うまくいきますよ

ちょっと
会議の要点と
ズレてるみたいだな…

それは**相手が何か主張したら、それに対して答えられなさそうな質問を投げかけること**です。

たとえば「○○さん、ちなみに過去のデータの推移はどの程度なのですか？」とか「別の視点から見た場合の□□についてどうしたらいいでしょうか？」など相手が即答できないような質問を選ぶようにします。すると言葉につまり、**気持ちよく話せないとわかると話の主導権を手放す**はずです。その後、他の人の発言の途中でまた主張しはじめたら、他の質問を投げかけます。繰り返し続けていけば、自己中の人でも勝手な主張をやめ、会話の輪に入ってもらえるようになります。

これを実践するためには普段から聞き上手であることが必要です。相手の話をきちんと受け止めながらも、自分の得意分野で勝負できるように話をうまく誘導できるスキルを習得しましょう。

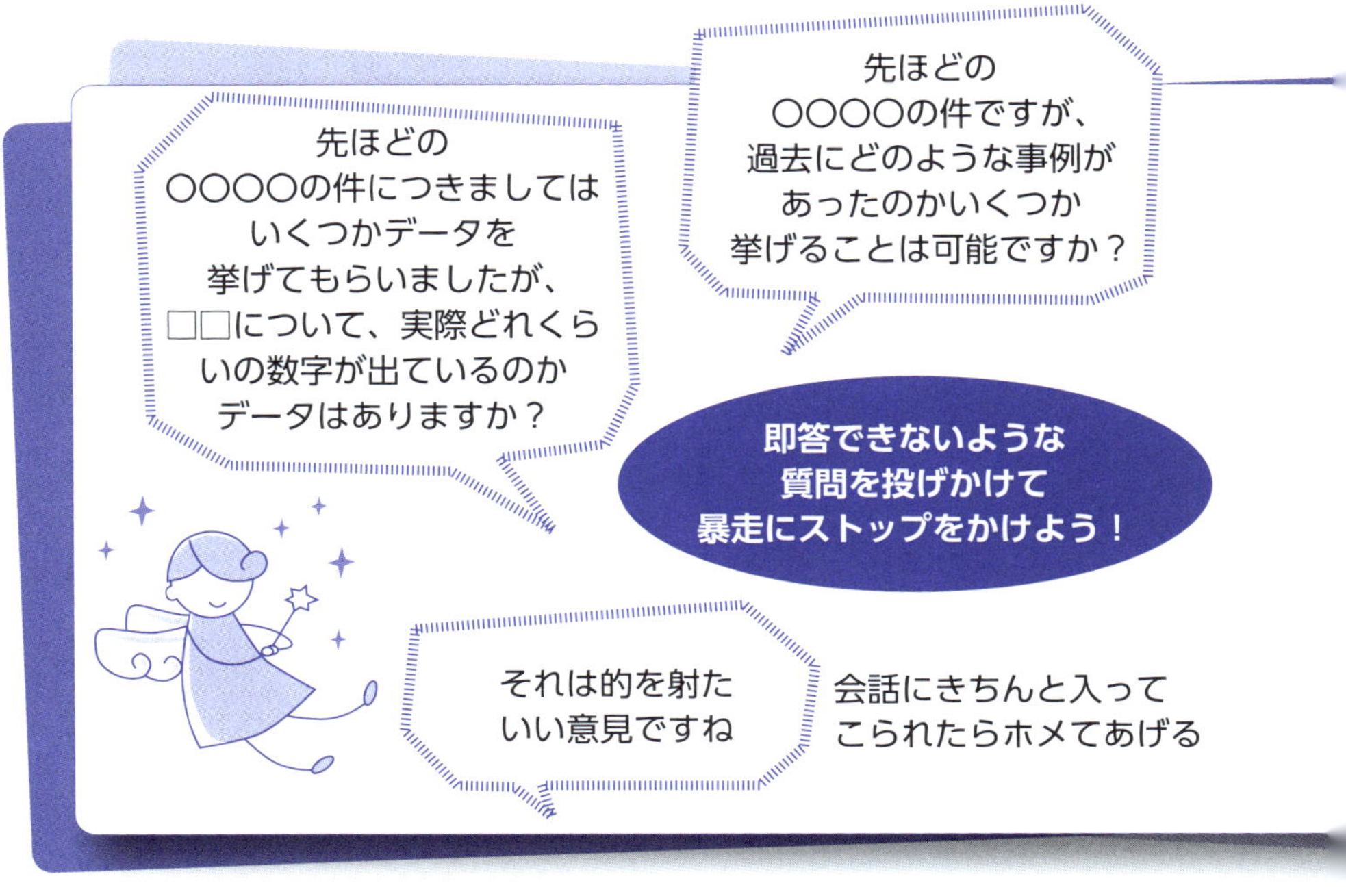
先ほどの ○○○○の件ですが、過去にどのような事例があったのかいくつか挙げることは可能ですか？

先ほどの ○○○○の件につきましてはいくつかデータを挙げてもらいましたが、□□について、実際どれくらいの数字が出ているのかデータはありますか？

即答できないような質問を投げかけて暴走にストップをかけよう！

それは的を射たいい意見ですね
会話にきちんと入ってこられたらホメてあげる

11

# 小さな親切を重ねて相手から好かれる魔法

## 人に親切にしてあげるとやがて自分に返ってくる

「**情けは人のためならず**」ということわざをご存じですか？

多くの人が「人に情けをかけて助けるのは、その人のためにならない」という解釈を信じているようで、誤用しやすい言葉の一つです。本当の意味は「人に親切にすると巡り巡っていつかは自分に返ってくる」というポジティブな言葉なのです。

さて、普段から頼りがいのあるあなたは、後輩から好きな異性がいて、どうしたらいいかと相談されました。そんなときはまさに「情けは人のた

好意には好意が返ってくる
「好意の返報性」

今までは
気がつかなかったけど、
この人はとても
素敵な人なんじゃ
ないかな

あなたの
頑張り屋さんなところ、
本当に尊敬します！
いつも目が離せません！

素直に好意を
伝えてみよう！

めならず」と、その**異性の相手に親切にしてあげるようアドバイスする**のがいいでしょう。

なぜなら、相手に親切にすることで**好意の返報性**という効果が期待できるからです。**好意を示すとその相手からお返しのように好意を示してもらえる**という心理効果を狙うわけです。実際に後輩が「好きです」という態度を示したら、相手からも好きになってもらえる可能性があるのです。意中の相手が何か困っている状況に遭遇したらすかさずにじり寄っていって、**助け船を出してあげる**。どこか旅行や出張などに行くたびに**お土産を渡す**。こんなふうに**まめに親切**を続けていれば、いずれはカップル誕生につながるかもしれません。

もちろん、後輩にアドバイスして大きな情けをかけたあなたにも、その際には大きな見返りが期待できることでしょう。

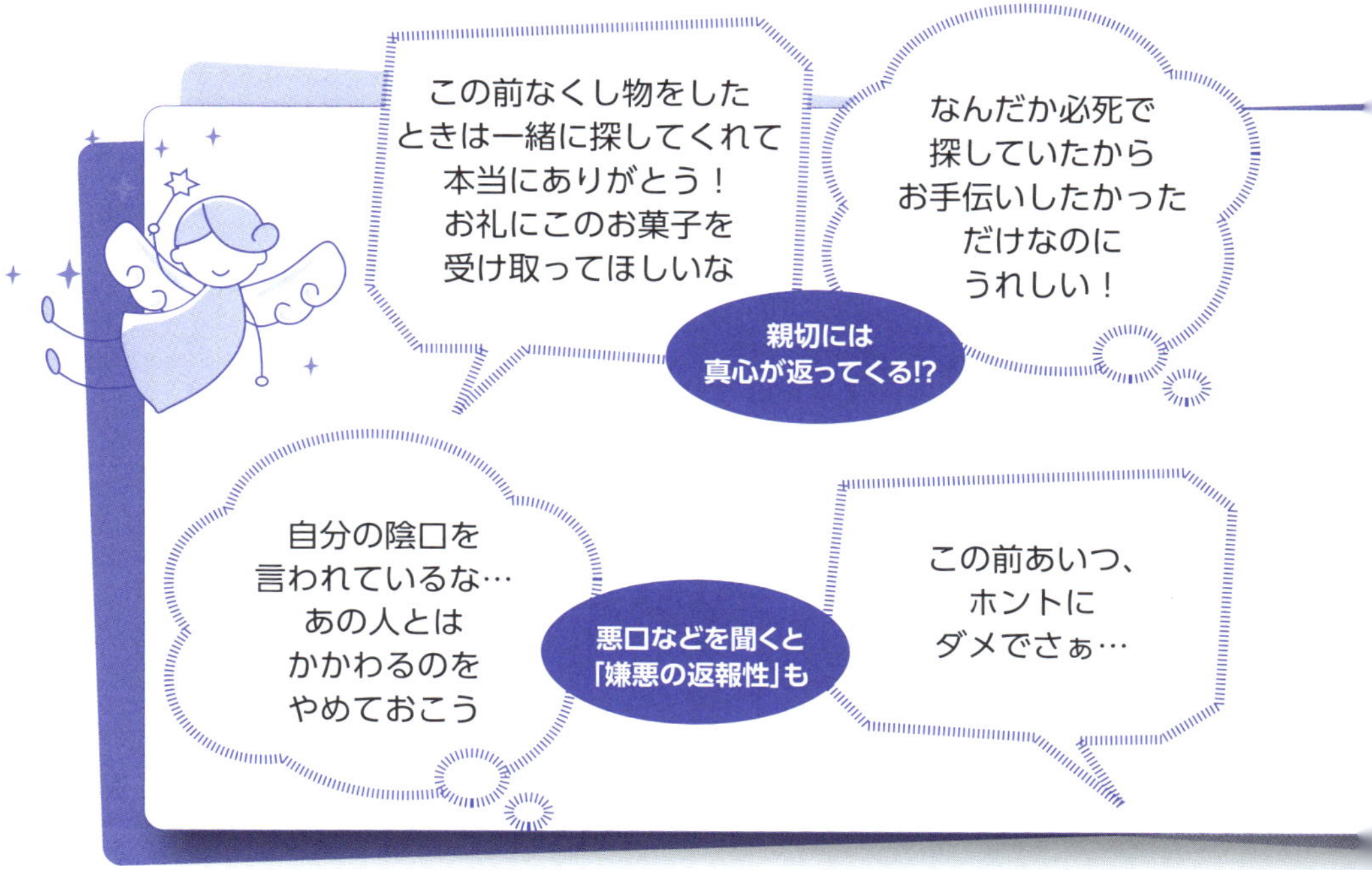
この前なくし物をした ときは一緒に探してくれて 本当にありがとう！ お礼にこのお菓子を 受け取ってほしいな
なんだか必死で 探していたから お手伝いしたかった だけなのに うれしい！
親切には 真心が返ってくる!?
この前あいつ、 ホントに ダメでさぁ…
自分の陰口を 言われているな… あの人とは かかわるのを やめておこう
悪口などを聞くと 「嫌悪の返報性」も

# 12 優柔不断な人にスパッと決断させてあげる魔法

## 選択肢を減らしてあげることで選びやすくなる効果を狙う

友人や恋人の買い物につきあったとき、あれこれ悩んだ末、何を買ったらいいのか決められないという局面に遭遇したことはありませんか?

決断力のない人というのは、いろいろな選択肢がありすぎると、何を選んだらいいかわからないという状況に陥ることが多いのです。

そんなときは、そばで見ていたあなたがいいと思ったもの**2つを選択肢として挙げてしまい**、「これとこれがあなたにピッタリだから、どちらか一つを選んだら?」と提案してあげましょう。

**優柔不断な相手に効果的
2つの選択肢**

素敵なものがありすぎて
どうしよう
どれにすればいいのか
決められない…

あまりに漠然と
しているなら
アイテムを2つ提案

そうね…
まずは欲しい
アイテム2つを
挙げてみようよ

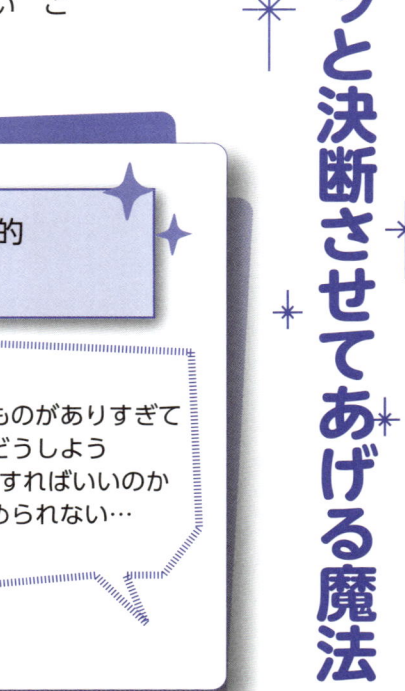

ここではせっかく買い物に来たのだから「買わない」という選択肢を消して、どちらかを選んでもらえるように誘導します。**人は与えられた選択肢のなかだけで物事を判断しやすい**という傾向があります。これは**誤前提暗示**と呼ばれるもので、**ダブルバインド**という心理テクニックの一種です。

応用技としては、相手を説得する際にも活用できます。やり手セールスマンが使う手として、お客さんに「買わない」という選択肢を持たせないためにいきなり「AとBのどちらにしますか?」と提示して、相手に考える暇を与えずにどちらか片方を選ばせてしまうやり方があります。

ちなみに、あなたが相手に二者択一のうち選んでほしいものがあったら、それを2番目に提案してみましょう。**人は後に言われたほうを選択したくなる**という**新近化効果**が発揮されるからです。

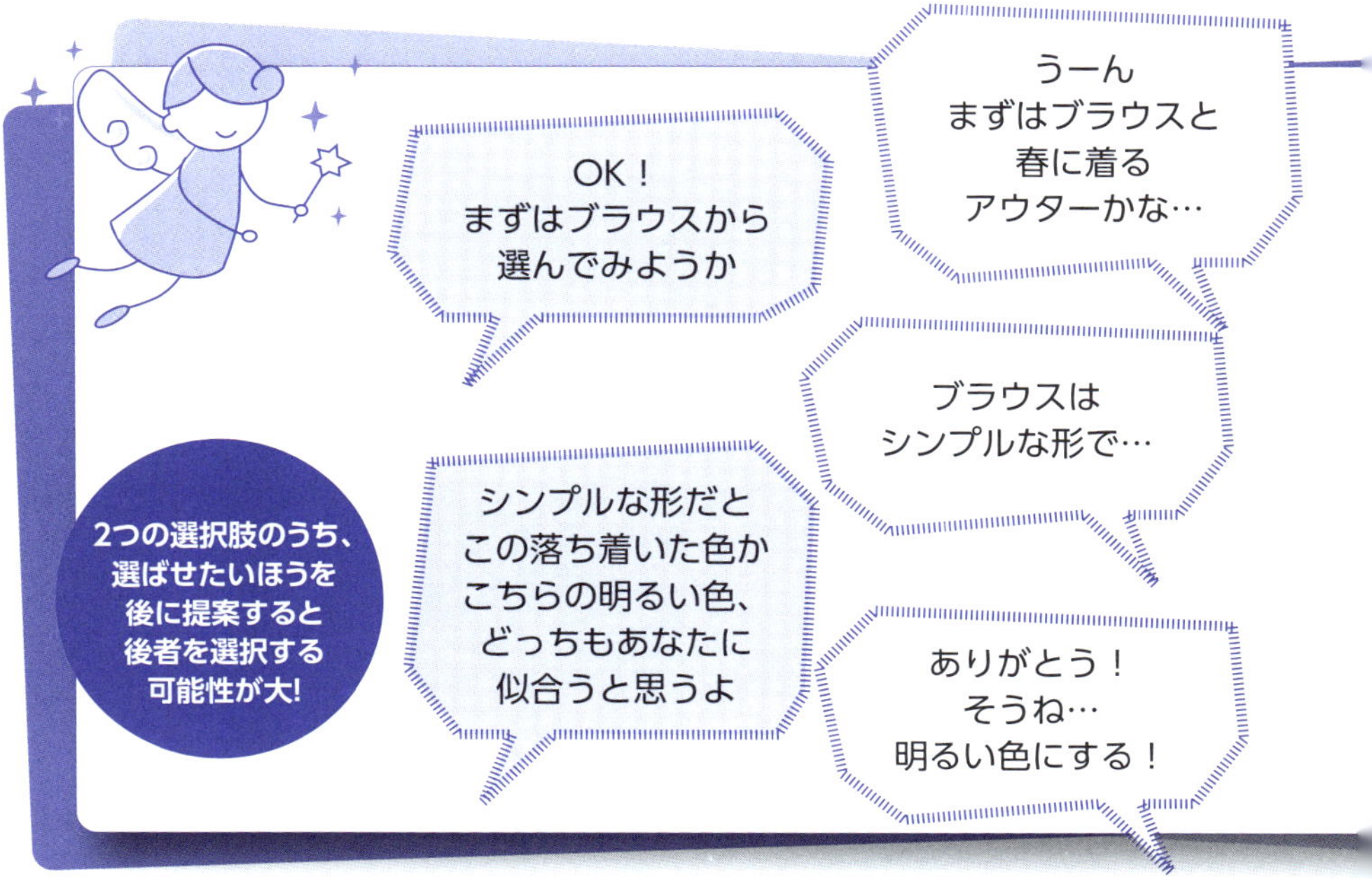

うーん
まずはブラウスと
春に着る
アウターかな…
OK！
まずはブラウスから
選んでみようか
ブラウスは
シンプルな形で…
シンプルな形だと
この落ち着いた色か
こちらの明るい色、
どっちもあなたに
似合うと思うよ
ありがとう！
そうね…
明るい色にする！
2つの選択肢のうち、
選ばせたいほうを
後に提案すると
後者を選択する
可能性が大!

# 13 尻込みしている人を上手に後押しする魔法

## 挑戦することをためらっている人に効く2つの心理テク

上司から大きな仕事のリーダーという大役を任されたと同僚からあなたが相談されたとします。同僚は受けたい反面、怖気づいているところもあり、イエスの返事を出せずにいます。あなたは仲間としてぜひ成功してほしいと願っています。

こういうちょっと及び腰の状態にいる人に対しては、まずはこんな言葉で奮起させてあげましょう。

「何をためらっているの？　今こそ本領を存分に発揮できるチャンスでしょ！」

**人はプライドを刺激されると自然とやる気が奮**

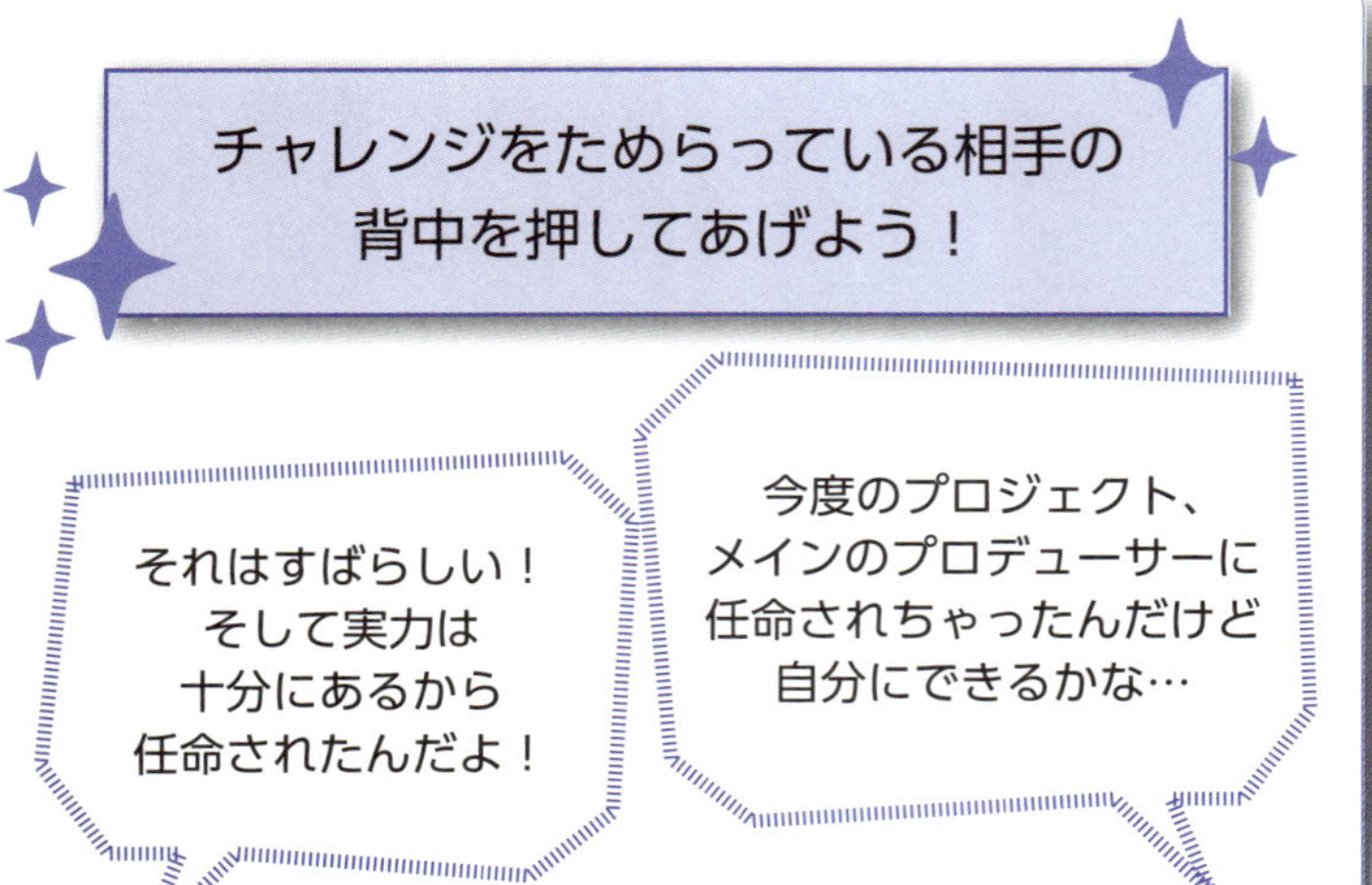

チャレンジをためらっている相手の背中を押してあげよう！
今度のプロジェクト、メインのプロデューサーに任命されちゃったんだけど自分にできるかな…
それはすばらしい！そして実力は十分にあるから任命されたんだよ！

**い立ちチャレンジしたくなる**のです。

さらにダメ押しとして確実に動かすためには、**パブリック・コミットメント**を活用しましょう。これは**公衆の面前で自分の目標やゴールなどを宣言してもらうことで、本人は口に出した手前、そのゴールを目指して頑張れる**というものです。

宣言してもらうのは特に公式な場でなくてもOKです。気の置けない仲間と集まった際などに、さりげなく「あの仕事、君はどんな戦略を採ればうまくいくと考えているの?」と、仕事をやる前提で話をふってあげるのです。すると「○○を使って、売上2倍増を目指そうと思うんだ」などとつい自分の考えを吐き出すはずです。このように目標を人前で口にしてしまうと、「やる気がイマイチ出ない」という人でも、やがてお尻に火がついて自ら行動するようになるというわけです。

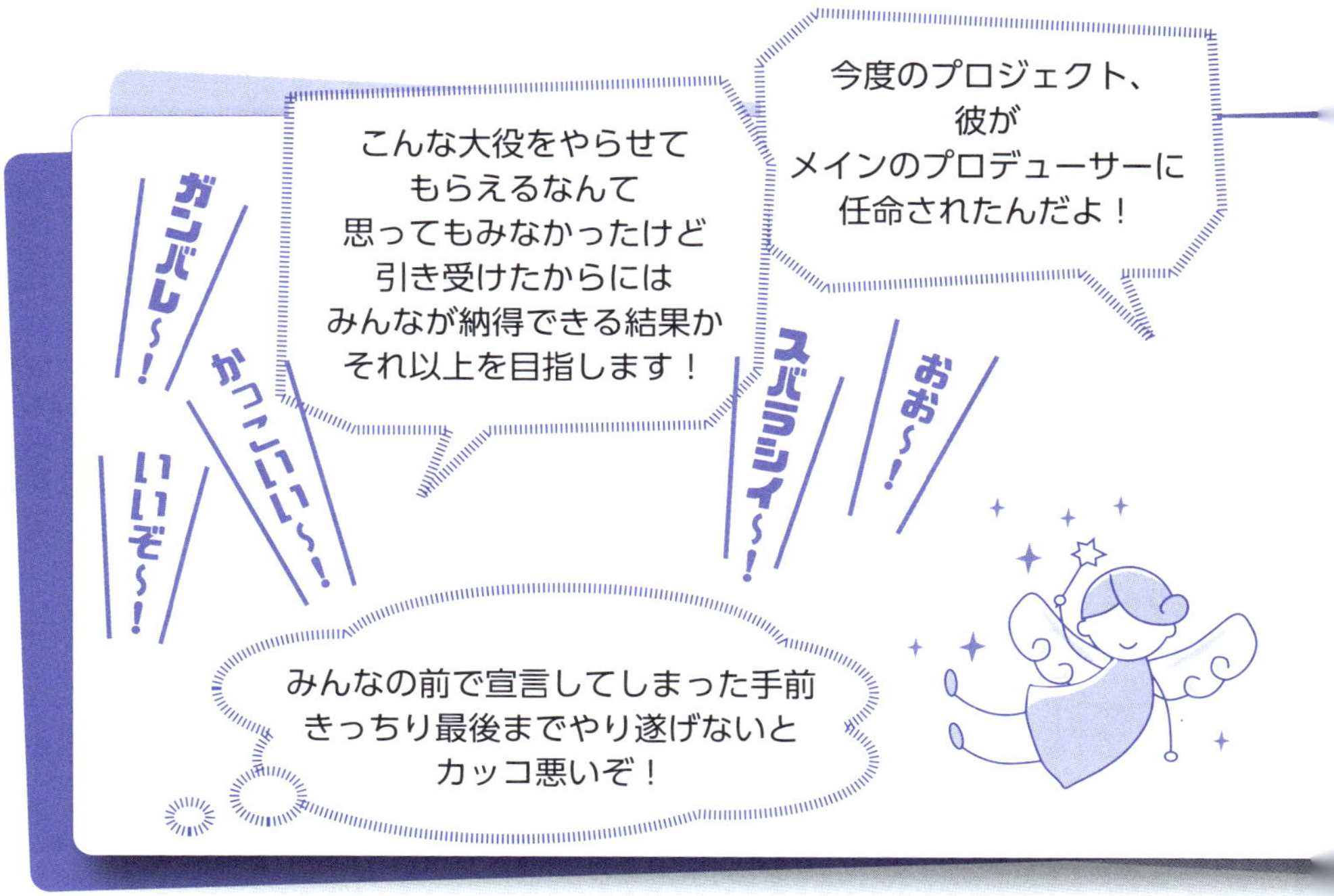
今度のプロジェクト、彼がメインのプロデューサーに任命されたんだよ！

こんな大役をやらせてもらえるなんて思ってもみなかったけど引き受けたからにはみんなが納得できる結果かそれ以上を目指します！

おお～！

スバラシイ～！

かっこいい～！

ガンバレ～！

いいぞ～！

みんなの前で宣言してしまった手前きっちり最後までやり遂げないとカッコ悪いぞ！

# 14 男女で異なる考え方がうまくまとまる魔法

## 男性脳と女性脳の違いを理解して上手に励ましてあげる

男女グループで何かをする際、仕事でも遊びでもいいのですが、時々、意見や感情の対立が起きることがあります。

**女性はプロセス重視**、**男性は結果重視**と考えられており、作業を進めていく上で**それぞれの脳の特性が表れて、ぶつかり合うことが原因**です。

たとえば、男女グループでBBQをするとしましょう。男性は美味しいものを手際よく作るために、ひたすら奔走するのに対し、女性はみんなで作業をしながら和気あいあいとした雰囲気を楽し

### 男女で異なる<br>やる気アップの励まし方

みんなでワイワイ
しながらやるのが
楽しくていいのに…
なんかやる気
なくすわ〜

女性たちは数が多いんだから
おしゃべりしないで
役割分担して
それぞれ集中して
作業したほうが早くない？

む傾向にあります。

結果重視の男性としては早く食べたいので、「しゃべってばかりいないで効率重視で作業してよ」と注文すると女性たちはムッとします。反対にプロセス重視の女性がひたすら肉を焼いている男性に対し、「もっと楽しく作業しようよ」と言ったら「今、肉を焼くことに集中してるから話しかけないで」と怒り出すこともあるでしょう。

この特性は、人を励ますときなどにも活用できます。たとえば、**男性は仕事の成果をホメられるとモチベーションが上がります**。それに対して、**女性は成果よりも仕事をする上での心がけや工夫などのプロセスをねぎらわれるとやる気がアップ**します。男女混成で一緒に仕事をする際は、お互いの特性を押さえておき、メンバーを上手に励ましてあげるとグループ全体の成果が上がるはずです。

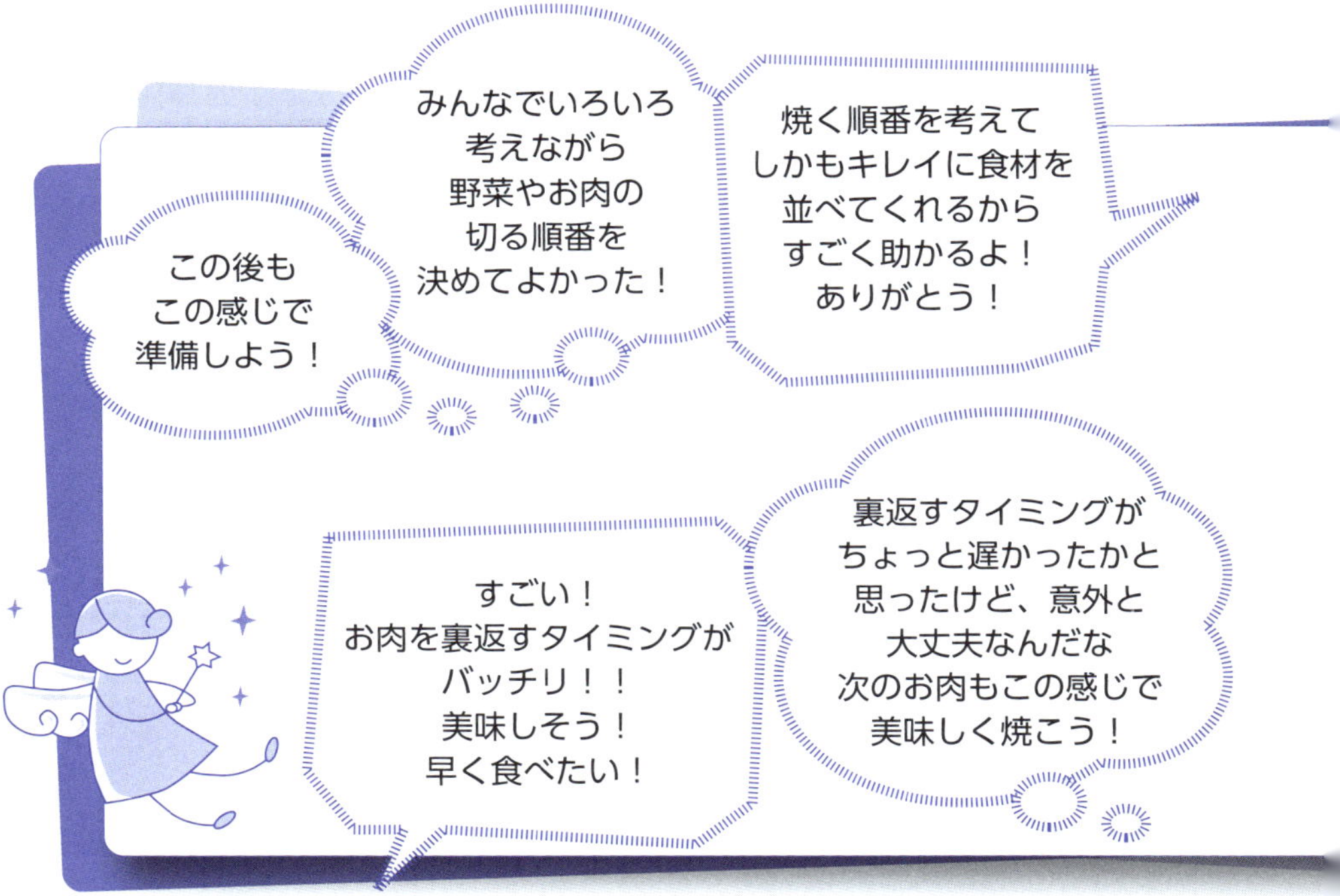
焼く順番を考えて しかもキレイに食材を 並べてくれるから すごく助かるよ！ ありがとう！
みんなでいろいろ 考えながら 野菜やお肉の 切る順番を 決めてよかった！
この後も この感じで 準備しよう！
裏返すタイミングが ちょっと遅かったかと 思ったけど、意外と 大丈夫なんだな 次のお肉もこの感じで 美味しく焼こう！
すごい！ お肉を裏返すタイミングが バッチリ！！ 美味しそう！ 早く食べたい！

# 15 伸ばしたい相手がもっと実力を発揮する魔法

## ただホメるより、けなしてから ホメたほうがよい結果を生む

仕事がデキる人は、普段からホメられることが多いものです。

それだけに、もっと頑張ってほしいときなど他の項目で取り上げたようなホメ技を駆使しても、元々ホメ慣れしていることもあり、あまり効果が発揮されないことがあります。

そんなときには、少し趣向を変えて、まず**けなすことからはじめてみましょう**。

「○○さん、今日の商談のプレゼンであのひと言はいらなかったかもね」という具合です。ここ

**最初にちょっとネガティブ**
**次にポジティブな声かけで実力発揮！**

そこはいつも
みんなにホメられる
ポイントだな！
まあコツをつかめば
簡単なんだけどな

○○さんの
プレゼン資料は
本当にわかりやすくて
なによりとても
美しいね！

で注意したい点は、相手がやる気を失うようなけなし方はNGということ。**ちょっとだけ改善点を提案するくらいがちょうどいい**のです。

いつもホメられているだけに、そんな反応があることに少し動揺するはずです。自信満々だった自分のやり方を少し見直すきっかけにもなるかもしれません。

そのタイミングで「でも、やっぱり○○さんのプレゼンは上手だね。他のみんなにも見習ってほしいよ」と今度はホメ言葉をかけるのです。

こんなふうに**最初からホメられるより、けなされてからホメられたほうが相手に好意を抱きやすい**ことを、アメリカの社会心理学者の**アロンソン**と**リンダー**が実験で明らかにしています。評価してくれたあなたに好意を抱き、この人に認められるようもっと頑張ろうという気になるのです。

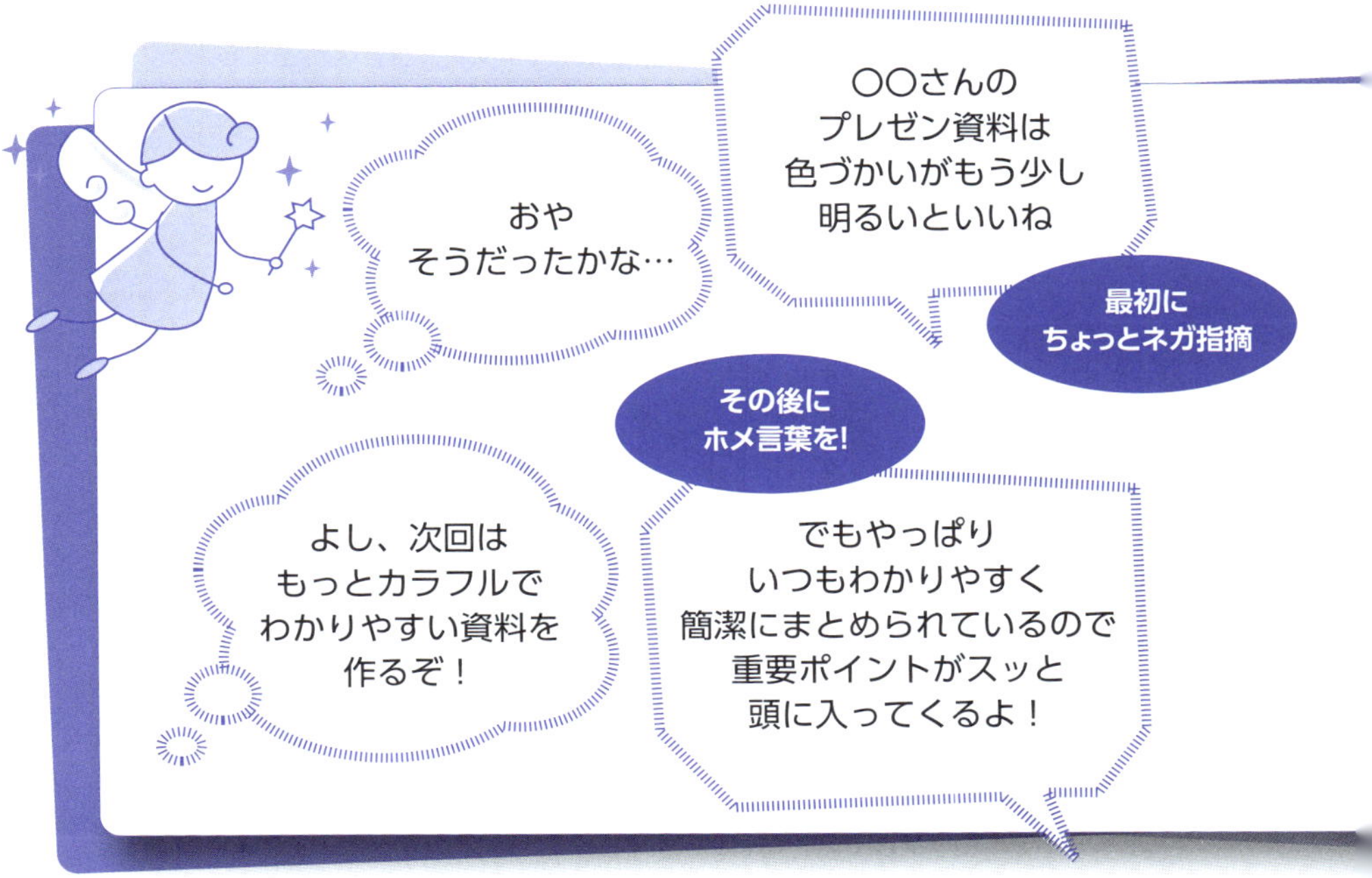

○○さんの
プレゼン資料は
色づかいがもう少し
明るいといいね
おや
そうだったかな…
最初に
ちょっとネガ指摘
その後に
ホメ言葉を!
でもやっぱり
いつもわかりやすく
簡潔にまとめられているので
重要ポイントがスッと
頭に入ってくるよ！
よし、次回は
もっとカラフルで
わかりやすい資料を
作るぞ！

# 16 相手が聞く耳を持つようになる反論の魔法

## まずは相手の意見に同意を見せてからきちんとした論理で反論する

　会議やミーティングなどで、上司の意見に参加メンバー全員が賛成しそうな際、そのまま決定してしまうと気になる問題があることにあなたが気づいたとしましょう。話はまとまる方向に向かっているので、ここで下手な反論をしてしまうと、上司の気分を害し、周囲のメンバーにもひんしゅくを買いそうな雰囲気です。

　とはいえ、指摘しなければ後で重大な問題となりそうであれば、勇気を出して口に出さなければいけません。

**いきなり反論はアウト**
**まずは賛同を！**

なんだって!?
問題なんて
そんなにないよ！

すみません！
ここの部分について
問題が多すぎると
思うのですが…

そんなときには次の手順で対応しましょう。**まず上司の意見に賛成であることをはっきり口にします。それから、反論へとつないでいけばいいのです。**「課長のご提案には賛成です。ただ、一点だけ私が懸念しているのは計画のこの部分の脆弱性です。この点についてはもう少し検討しても良いと思います」という具合です。

ただ反論するだけだと、ケチをつけているだけと思われがちです。ところが、最初に**「あなたの意見には賛同しています」という姿勢を見せること**で相手は自分の味方だと考えます。筋道の通った反論であれば、あくまで味方が発した意見であり、**自分や組織のことを考えた忠告ととらえてくれる**のです。すると相手もきちんと回答しないと自分の意見が間違いであると見なされるため、聞く耳を持つようになるというわけです。

真っ向から反論せず まずは賛同してから 反論すれば 相手は味方と考える
この企画の流れにつきまして とても進めやすいと思います！ ですが、ここの部分について まずは先に確認しておいたほうが いいように感じるのですが…
そうか！ 確認は省いていいいと 思っていたけど 確かにここは 先に確認しておいたほうが あとあと安全だな！

# 17 誰にでも話が簡潔に伝わる15分の魔法

## 人間の脳は長時間の会議には向いていない!?

話し合いなどの際は、ある程度の時間を設定している人が多いと思います。実際には30分とか1時間、場合によっては2時間などケースによりけりでしょう。

ただ人の脳の特性から見ると**15分程度に抑えるのがベスト**といわれています。**人が一つのことに対して集中して考えられる時間がその程度**だからです。世界の著名人の優れたスピーチで有名な「TED」が、プレゼン時間を最長18分までと設定しているのもこうした理由に基づいています。話す

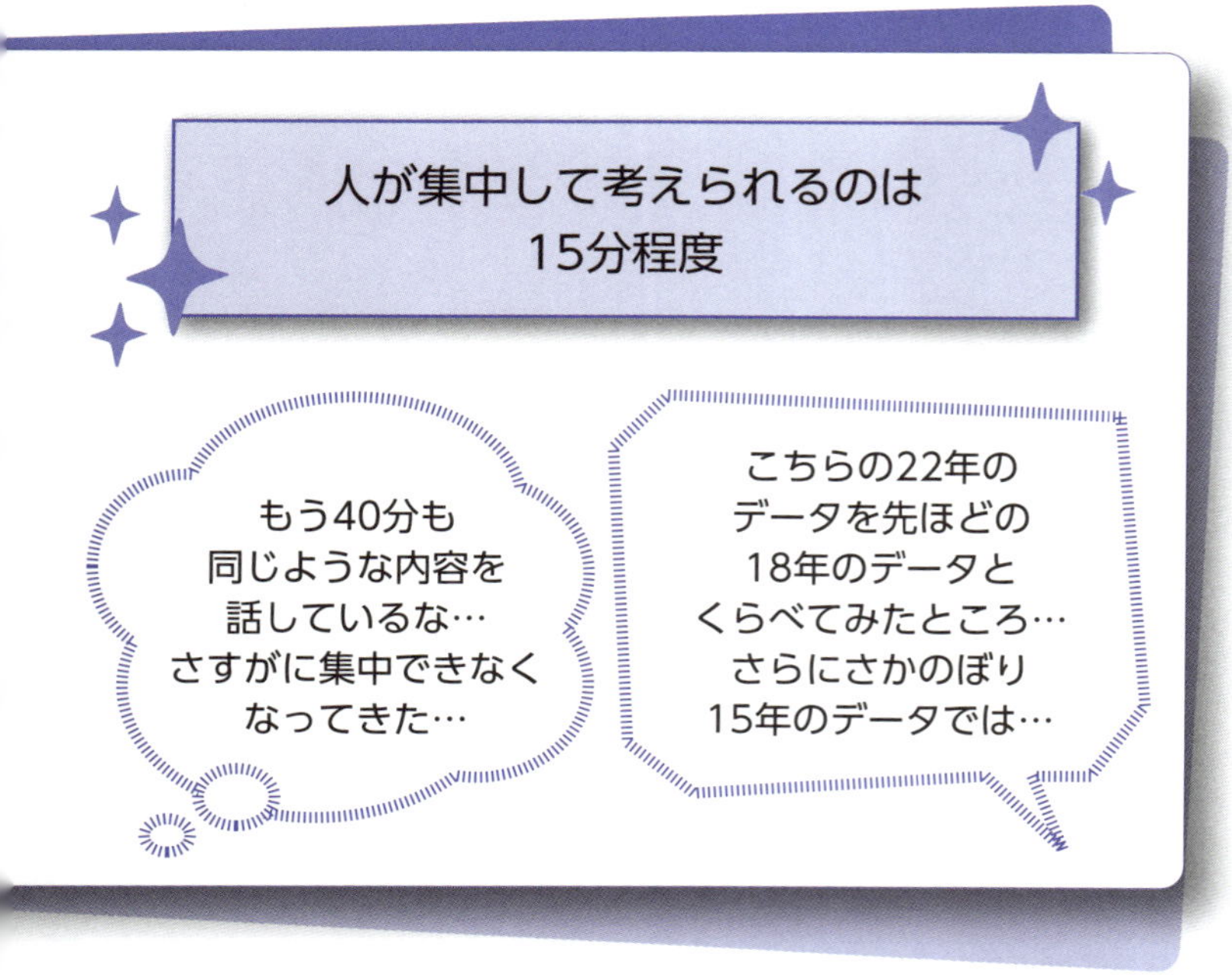
人が集中して考えられるのは
15分程度
もう40分も
同じような内容を
話しているな…
さすがに集中できなく
なってきた…
こちらの22年の
データを先ほどの
18年のデータと
くらべてみたところ…
さらにさかのぼり
15年のデータでは…

内容についても、情報が多すぎると人の脳の受け取り処理が間に合わず、話の核心や重要なアイデアが伝わりにくくなると考えられています。

限られた時間内で実施するためには、商談では相手の情報をきちんと下調べしておく、打ち合わせでは資料をシンプルにまとめておくなど、事前準備が大切です。話す内容をシミュレーションしておくのもいいでしょう。会話の進行としては、**最初は軽い雑談から入り**、相手が興味を持ちそうな話題やニュースをさりげなく取り上げ、リラックスした雰囲気のなかで本題へと移行していきます。

短時間で集中して、話を簡潔に伝えるためには**アンチクライマックス法**が効果的です。「この製品はこんな問題を解決します」と**最初に結論から入って、その後に理由づけしていく方法**で、要点がブレにくく参加者の理解が得られやすいのです。

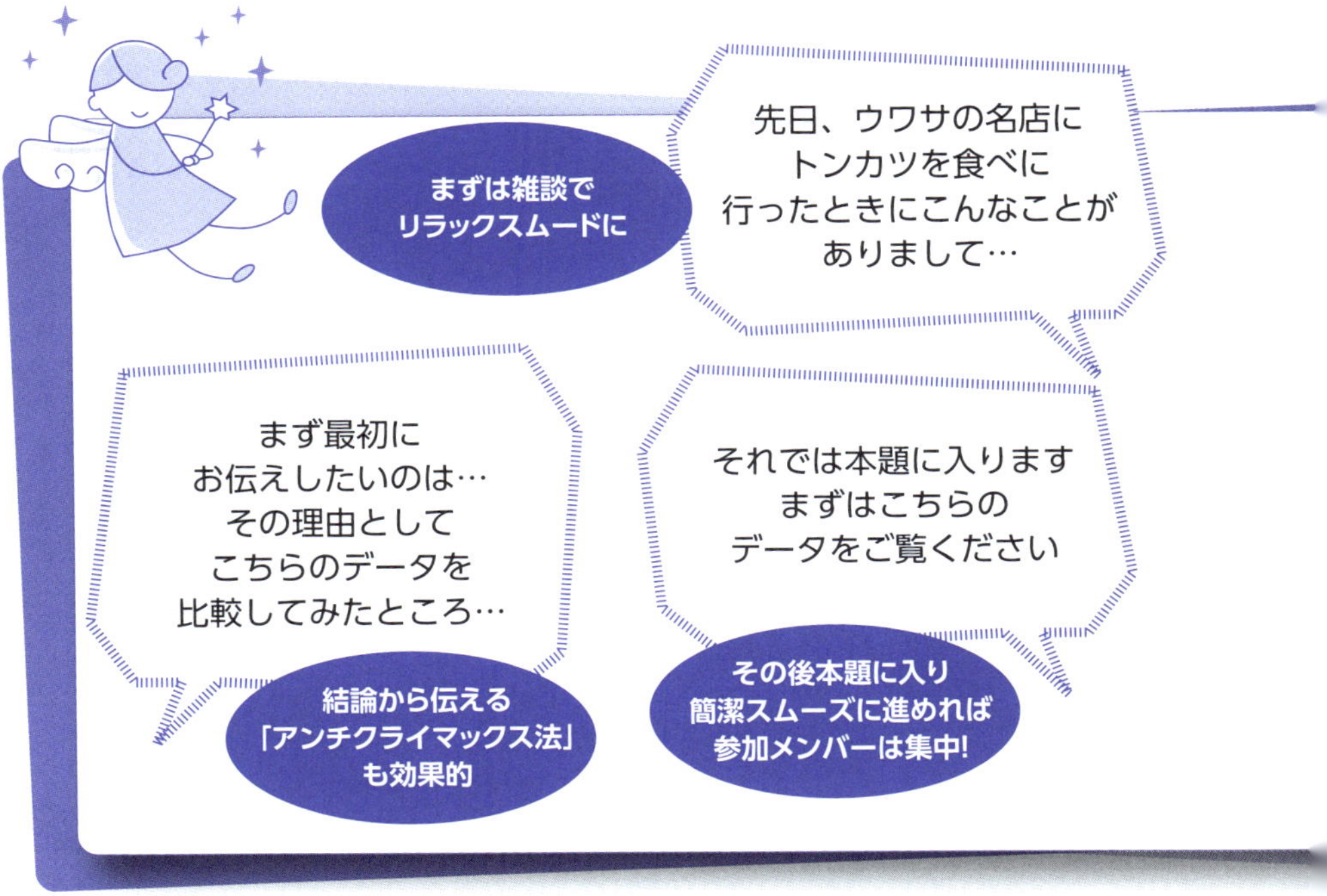
まずは雑談でリラックスムードに
先日、ウワサの名店にトンカツを食べに行ったときにこんなことがありまして…
それでは本題に入ります まずはこちらのデータをご覧ください
その後本題に入り簡潔スムーズに進めれば参加メンバーは集中!
まず最初にお伝えしたいのは…その理由としてこちらのデータを比較してみたところ…
結論から伝える「アンチクライマックス法」も効果的

# 18 悩んでいる相手から本心を引き出す魔法

## 自分の失敗談や弱点をさらけ出すと相手もつられて話しはじめるもの

最近、どこか悩みを抱えているようで元気がない友人や後輩がいるとしましょう。理由を聞いても口を閉ざしたまま。どうにかしてあなたが役に立ちたいと思うのは当然です。

心を開いてくれない人から話を引き出すには、自分の弱みや失敗談を話すという手法があります。

人は**自分の個人的な情報などを話してくれた相手に対しては、自分も同じような話を返さなければという心理が働く**のです。これは**自己開示の返報性**といいます。初対面の相手と手っ取り早く仲

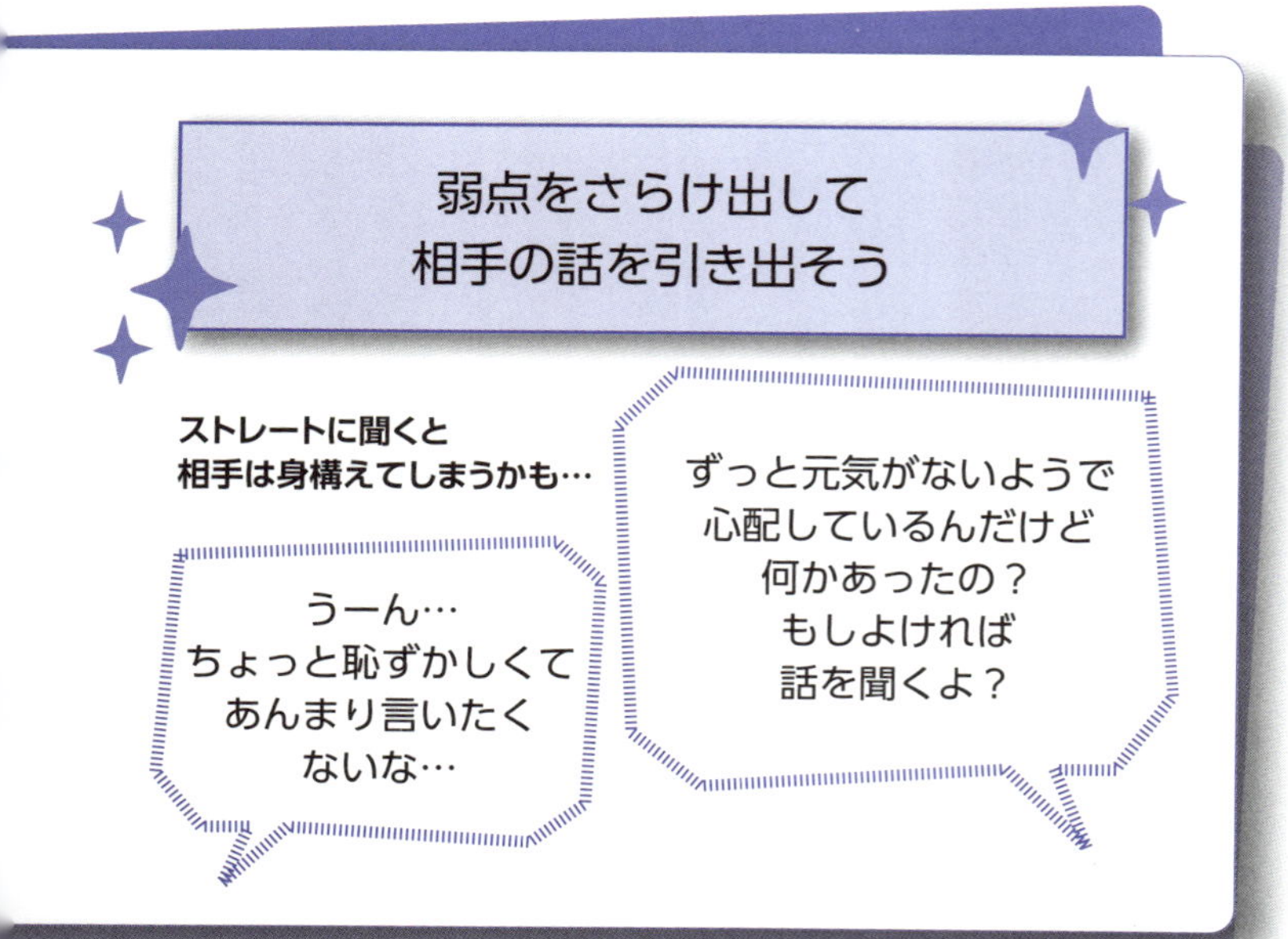
弱点をさらけ出して
相手の話を引き出そう
ストレートに聞くと
相手は身構えてしまうかも…
ずっと元気がないようで
心配しているんだけど
何かあったの？
もしよければ
話を聞くよ？
うーん…
ちょっと恥ずかしくて
あんまり言いたく
ないな…

よくなりたいときにも有効です。

たとえば、「実はこの前、カフェでコーヒーをお義母さんにこぼしてしまって。あのときはあせった…」などと自分の失敗談を話します。誰にでもありそうな経験だけに**相手も共感を覚え、距離を縮めることができる**のです。何か失敗して落ち込んでいる相手であれば、悩みを打ち明けてくれるかもしれません。

また「運動神経が悪くて、運動会とかメッチャ嫌いだったんだ」と自分の弱点をさらけ出すのも有効です。「わざわざ自分の弱い部分を見せてくれたのだな」と受け取ってもらえ、それほど信頼してくれるのは**自分が特別な存在だからと相手のプライドを満足させる効果がある**のです。すると**好意の返報性**（P.30）が働き、あなたを信頼して落ち込んでいる理由を話しはじめることでしょう。

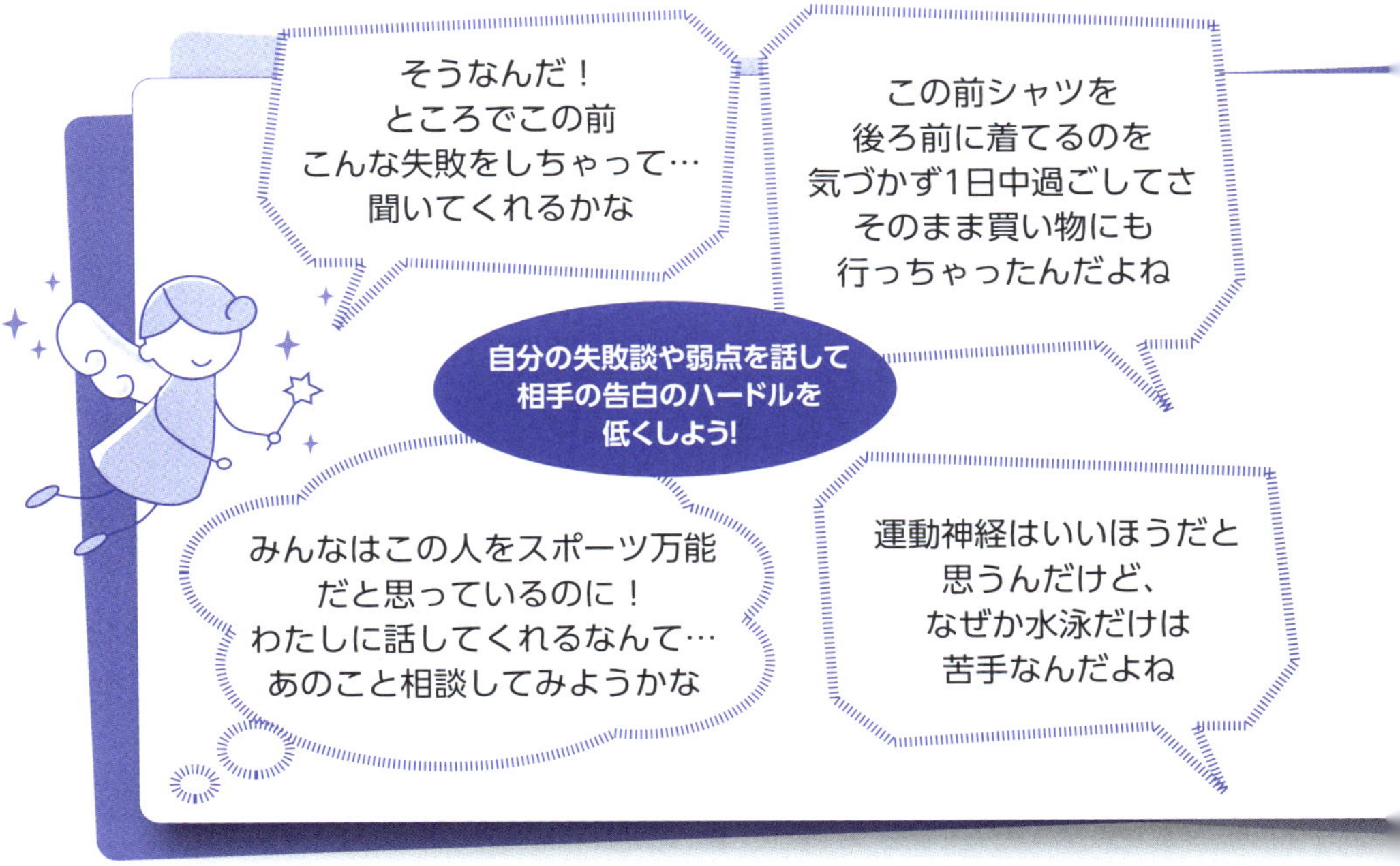

この前シャツを後ろ前に着てるのを気づかず1日中過ごしてさ そのまま買い物にも行っちゃったんだよね
そうなんだ！ ところでこの前 こんな失敗をしちゃって… 聞いてくれるかな
自分の失敗談や弱点を話して相手の告白のハードルを低くしよう!
運動神経はいいほうだと思うんだけど、なぜか水泳だけは苦手なんだよね
みんなはこの人をスポーツ万能だと思っているのに！ わたしに話してくれるなんて… あのこと相談してみようかな

# 19 無口な人でも気持ちよく話したくなる魔法

## 引っ込み思案な人でも なぜか話し続けてしまう心理テク

自分の周囲にあまり自己主張をしない、おとなしいタイプの人がいたとします。でも、服の趣味が似ていたり、聴いている音楽が同じだったりなど、意外と気が合いそうな人物であることを知ったあなたは、もっと会話を交わして親しくなりたいと思いました。ここでは無口で引っ込み思案な人から話を引き出すコツをご紹介しましょう。

そういう人が話をした際には、まず**よく耳を傾け、タイミングよくあいづちを打ちながら**「**その気持ちわかるよ**」（**傾聴**P.13）とひと言声をかけ

**相手の話にしっかり耳を傾け**
**会話を無理強いしない**

あの映画
観に行ったんだ

ええと…あんまり
うまく表現できないけど
この前観た映画で
印象的なシーンが…
あって…それは…

うんうん、

**タイミングのよい**
**あいづちを!**

てあげてください。そして時々、話のなかで**キーワードになりそうな言葉を繰り返してあげます（リフレイン）**。引っ込み思案の人は話すことに慣れていないため、しどろもどろなところもあります。それでも、しっかり聞いている姿勢を示すことで、相手は話し続けようとするはずです。

　ふとしたタイミングで我に返り、いつもの自分に戻って、口を閉ざしてしまうこともあります。そんなときは、静かにうなずいて「無理に話さなくてもいいよ」と声をかけてあげましょう。実は他の人から「しなくていい」と言われると人はそれをしたくなるのです。このように**他者からダメと言われると反対のことをしたくなる心理現象**を**カリギュラ効果**といいます。最初は短い会話でもやがて長い会話へと変わり、いつの間にか二人はお互いに大切な友人となっているかもしれません。

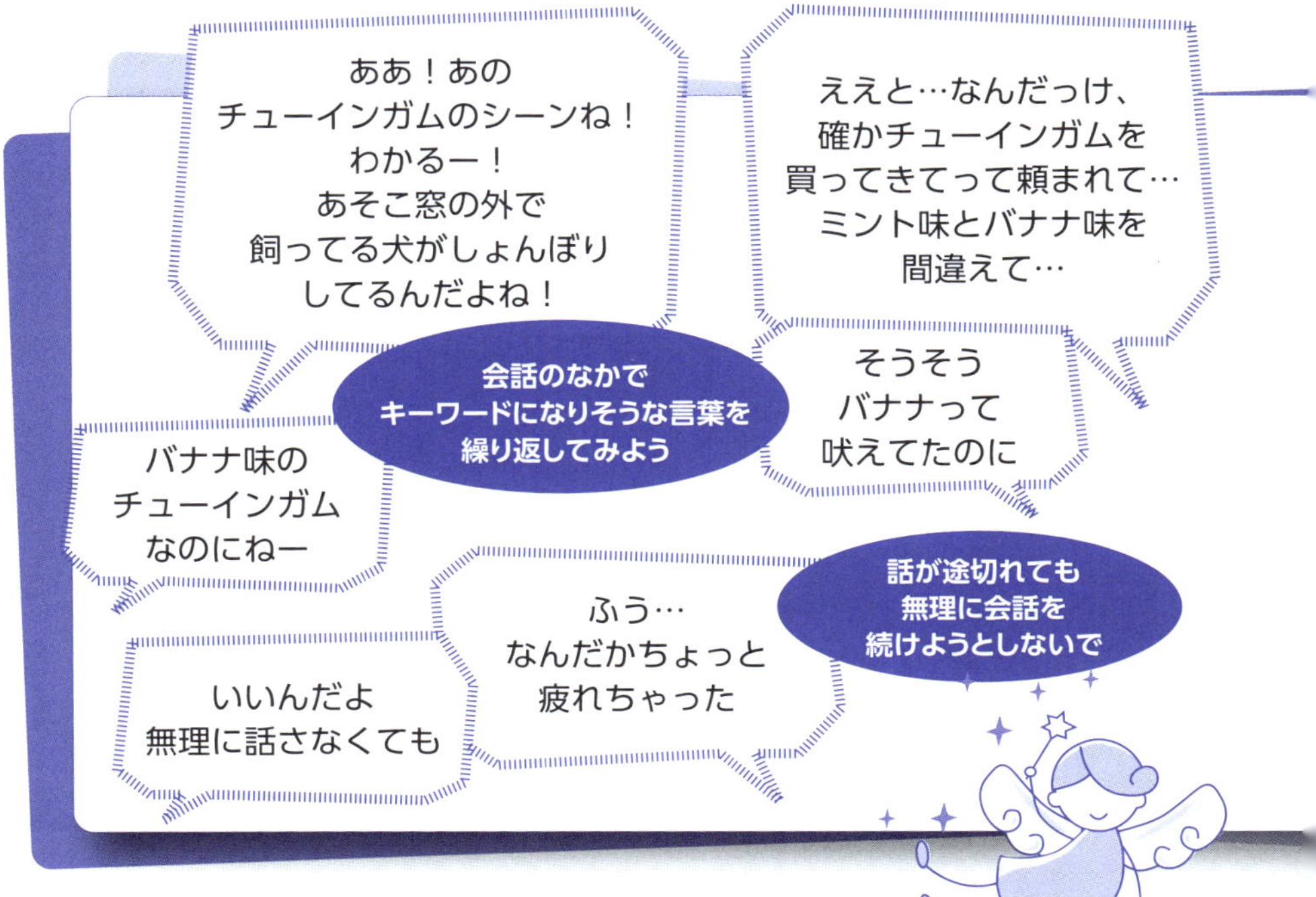

ええと…なんだっけ、確かチューインガムを買ってきてって頼まれて…ミント味とバナナ味を間違えて…
ああ！あの チューインガムのシーンね！わかるー！あそこ窓の外で飼ってる犬がしょんぼりしてるんだよね！
会話のなかで キーワードになりそうな言葉を 繰り返してみよう
そうそう バナナって 吠えてたのに
バナナ味の チューインガム なのにねー
話が途切れても 無理に会話を 続けようとしないで
ふう… なんだかちょっと 疲れちゃった
いいんだよ 無理に話さなくても

# 20 紹介する人に誰もが好印象を抱いてしまう魔法

## 話す順番を間違えると悪い印象をずっと引きずることも

自分の友人や恋人を他の友人や親に紹介するときなど、紹介しようとする相手には、その人について好印象を抱いてほしいものです。

その際に注意したいのが、**紹介する人について何をどのように言うかで、その人の印象がガラリと変わってしまう**ということです。アメリカの心理学者の**アッシュ**は、ある人物の特徴を、その人のことを知らない他の人に伝える際に、どのように印象がつくられるかを実験しました。Aさんについて「嫉妬深くて勤勉で知的です」「知的で勤勉で嫉妬

**話す言葉の順番で
イメージが決定！**

彼は
ダジャレが得意で、
登山が趣味で
毎週どこかの山に
登っているんだ
そしてコワモテだけど
優しいの

ダジャレが
得意なんだ！
そして趣味は
登山なんだね

深いです」のように同じ内容を別々のグループに順番を変えて提示すると、最初のグループはAさんの印象を「嫉妬深い」とイメージしたのに対し、後者のグループは「知的」とイメージしたのです。このように**最初に定着したイメージがその人の全体イメージを決定してしまう**ことを**初頭効果**といいます。最初に口にした印象が、その人を表す特徴であるように刷り込まれてしまったわけです。

　たとえば、彼氏を初めて友人にお披露目するとします。「優しい」「面白い」「短気」など紹介したいワードがあったら、最初に「優しくて面白いけど短気」と並べていけば、友人にはいい印象を与えることができます。反対に「短気だけど面白くて優しい」と紹介すると、友人は「あなたの彼氏って短気なんでしょ」という印象を抱いてしまうので気をつけたいところです。

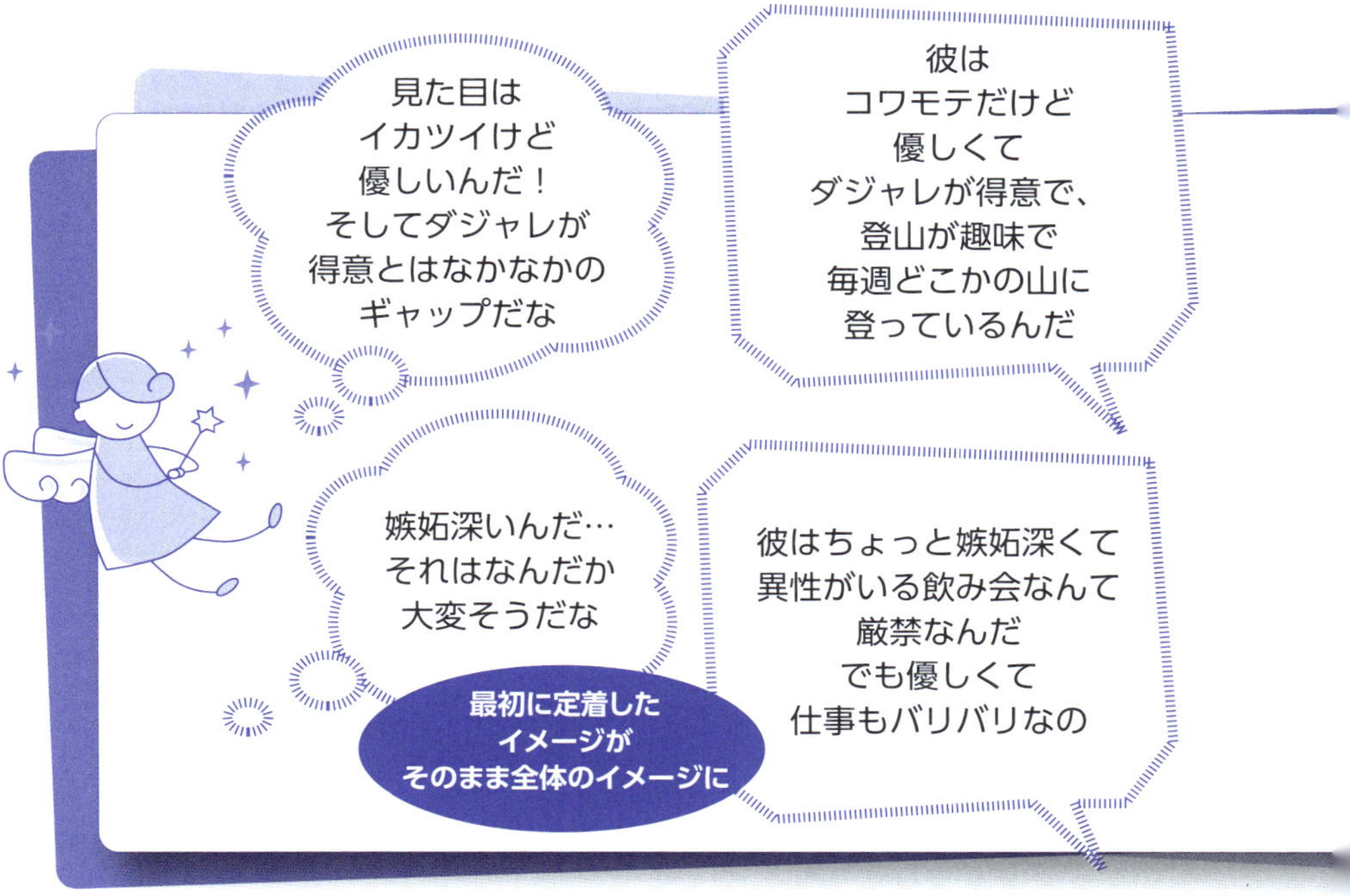
彼は コワモテだけど 優しくて ダジャレが得意で、登山が趣味で 毎週どこかの山に 登っているんだ
見た目は イカツイけど 優しいんだ！ そしてダジャレが 得意とはなかなかの ギャップだな
彼はちょっと嫉妬深くて 異性がいる飲み会なんて 厳禁なんだ でも優しくて 仕事もバリバリなの
嫉妬深いんだ… それはなんだか 大変そうだな
最初に定着した イメージが そのまま全体のイメージに

# 21 怒っている相手を落ち着かせる魔法

## 対応する際は冷静さを保って感謝の言葉を投げかける

　クレーマーをはじめ、怒っている人の相手をするのは苦労するものです。できれば避けたいところですが、必要に迫られ、対応しなければいけないときのコツをご紹介しましょう。

　相手が怒っているとき、それにつられてこちらも怒り返してしまうと、互いの怒りがエスカレートするだけなので逆効果です。ここはじっと我慢して自分だけは冷静の状態を保ちましょう。このように**相手のペースに合わせないことをディスペーシング（反同調行動）**と呼びます。あえて同

怒っている相手のペースに
巻き込まれないで冷静に！

さっき買ったおにぎりを
開けてみたら
具が横からはみ出ていて
お箸でどうにかやっと
食べられたんだけど！！
これはおにぎりじゃ
ないんじゃないっっ？

すごく
怒ってるぞ！
まずは
冷静に…

調しないことで、相手のペースに巻き込まれることを回避するテクニックです。

激昂して早口でまくし立ててくる相手に対しては、ゆっくりとした口調で対応し、自分のペースに引き込みます。その際、実際にこちらの不備があれば**素直に謝罪**します。ここで言い訳をするのは厳禁です。相手が怒っているという事実を受け止め、謝罪することで、**相手の承認欲求が満たされ**、冷静な話し合いの糸口がつかめるのです。

次に、相手の主張から感謝すべき点を見つけ、「ご指摘ありがとうございます」と感謝の言葉を伝えます。感謝の言葉**「ありがとう」には、反論しづらく、要求を増大させにくいという効果**があります。要求がエスカレートする前のタイミングで感謝を伝えることで、比較的早い段階で相手の怒りを収めることができるはずです。

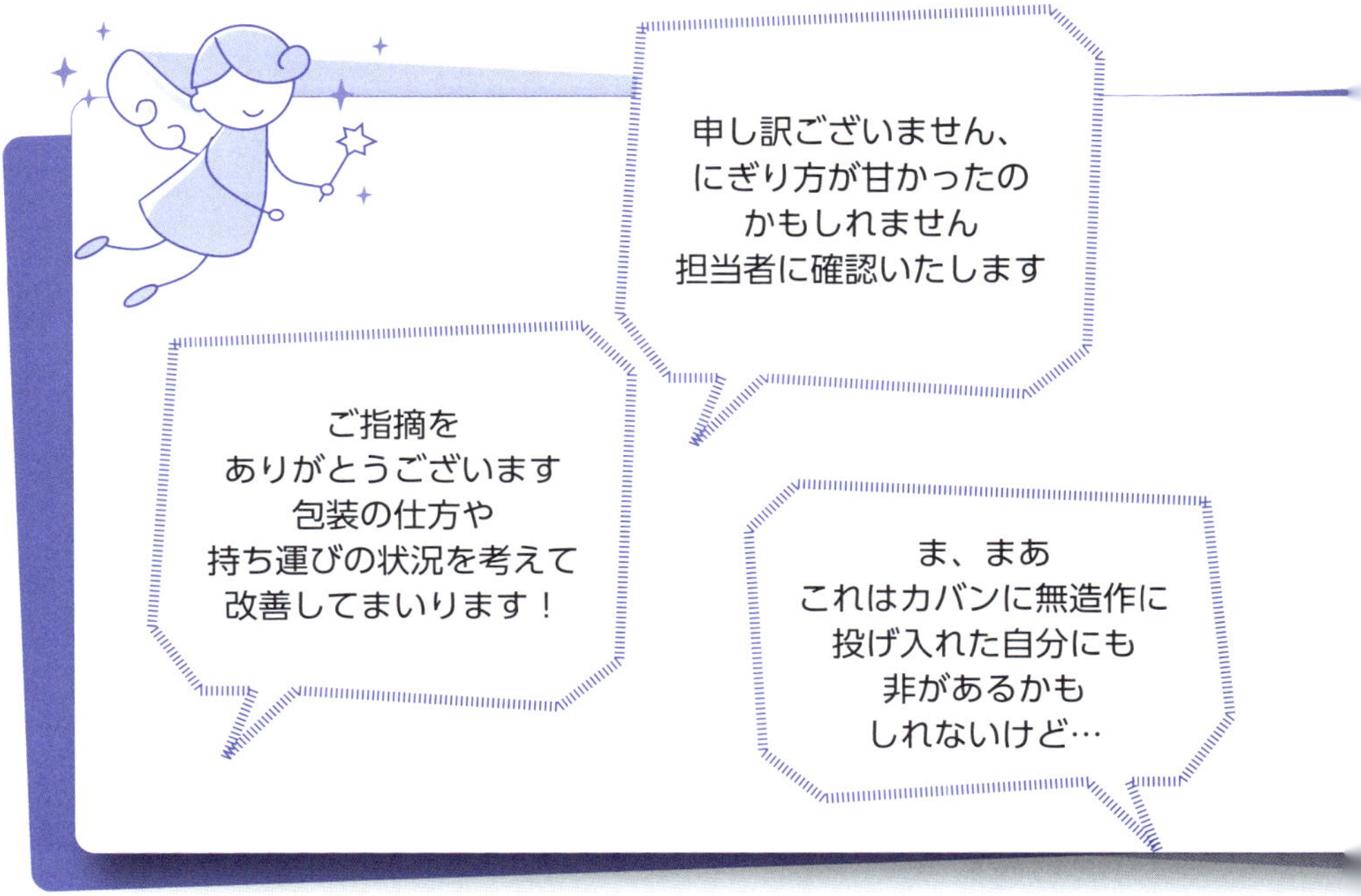
申し訳ございません、にぎり方が甘かったのかもしれません担当者に確認いたします
ご指摘をありがとうございます包装の仕方や持ち運びの状況を考えて改善してまいります！
ま、まあこれはカバンに無造作に投げ入れた自分にも非があるかもしれないけど…

# 22 さりげなく相手から好意を抱いてもらう魔法

## 同じしぐさをすることで相手の無意識に好印象を植えつける

恋愛感情や好意を抱いている相手には、やはり自分のことも好きになってほしいと願うのは自然な感情といえます。

ただ、相手に直接「好きです」と好意を伝えるのは少々ハードルが高く、かなりの勇気が必要です。理想はさりげなく相手からの好感を得ることでしょう。そんなときは**ミラーリング**というテクニックを駆使してみましょう。

やり方は簡単。ただ、**相手のしぐさの真似をする**だけです。

### 相手が無意識に好意を抱く<br>ミラーリング

それでね、
そのときに電車が来て
（コーヒーを飲む）
そしたら…

よし！
コーヒーを
さりげなく
一緒に飲もう…

相手がカップを手にしてコーヒーを飲もうとしたら、自分もカップを持って同じように飲む。相手がうなずいたら、自分もうなずいてみせる。相手が足を組んだら、自分も組む。注意してほしいのは、これらの動作はあくまで「**さりげなく**」するのが鉄則です。あからさまに真似されているとわかったら、自分がバカにされているように感じ取られ、逆効果となるからです。

ミラーリングの最中は、相手は動作が同調されていることを無意識のうちに認識しています。すると、「自分とこの人は似ているのでは?」と考え、**類似性の法則**が働きます。これは**自分と似たものや同じ趣味の相手を好きになるという効果**です。ここでは、同じしぐさをしているあなたに対し、知らず知らずのうちに相手は好意を抱くようになるというわけです。

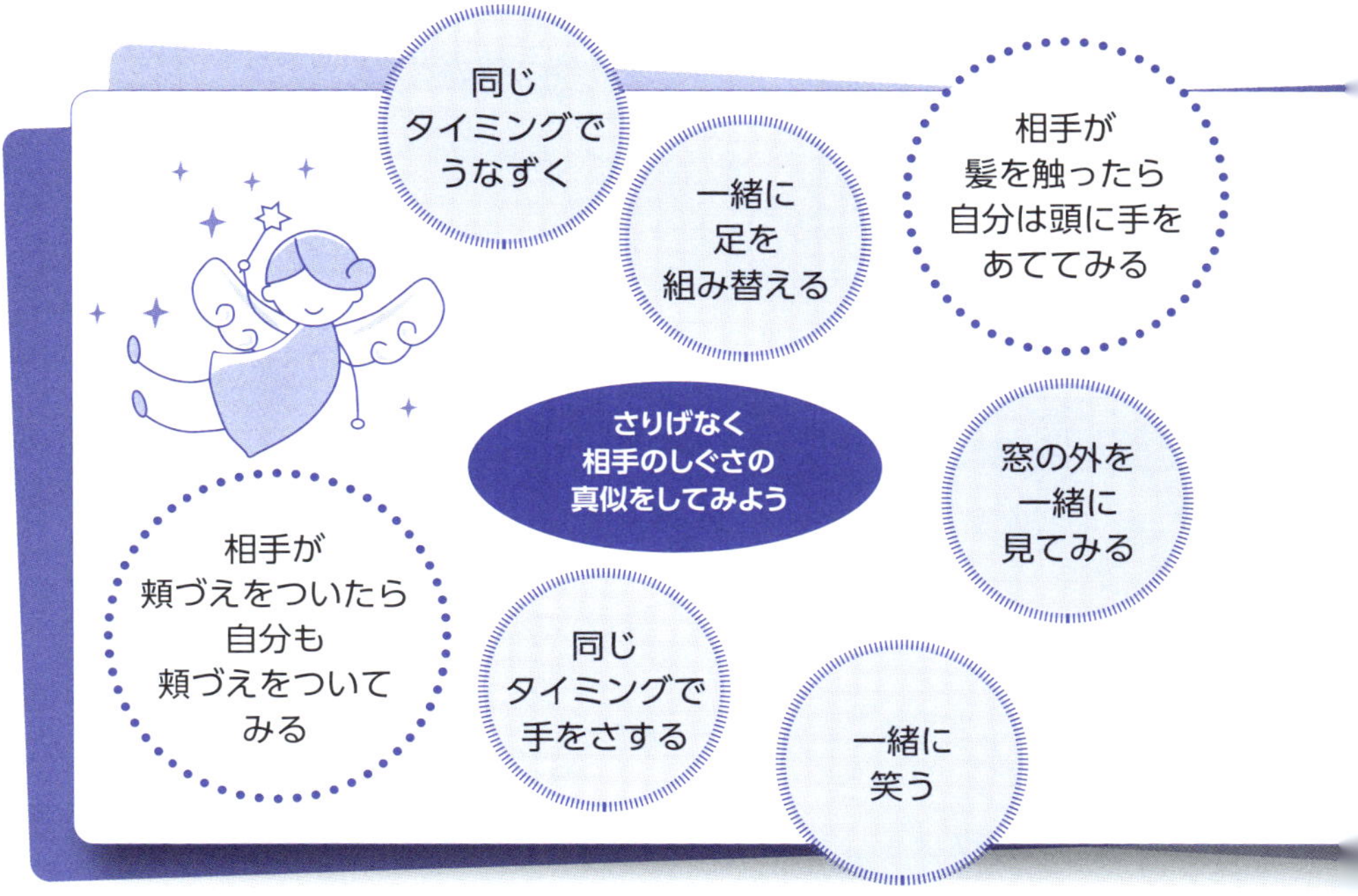
さりげなく
相手のしぐさの
真似をしてみよう
同じ
タイミングで
うなずく
一緒に
足を
組み替える
相手が
髪を触ったら
自分は頭に手を
あててみる
窓の外を
一緒に
見てみる
相手が
頬づえをついたら
自分も
頬づえをついて
みる
同じ
タイミングで
手をさする
一緒に
笑う

# 23 好きな人ともっと特別な関係になれる魔法

## 黄昏時のデートでドキドキ体験を共有すると成功率アップ

本書では、さまざまな人を癒すテクニックをご紹介していますが、友達以上恋人未満の異性ともっと親しい関係になりたいと思ったら、とっておきの方法があります。

たとえば、デートスポットとして、天気のいい日の公園、花火大会、街中でショッピングの3つのなかからあなたはどれを選びますか？

もし相手とより近づきたいのであれば、花火大会が正解。花火大会が開催される夕方から夜にかけては**黄昏効果**といって、**1日の疲れが出て相手**

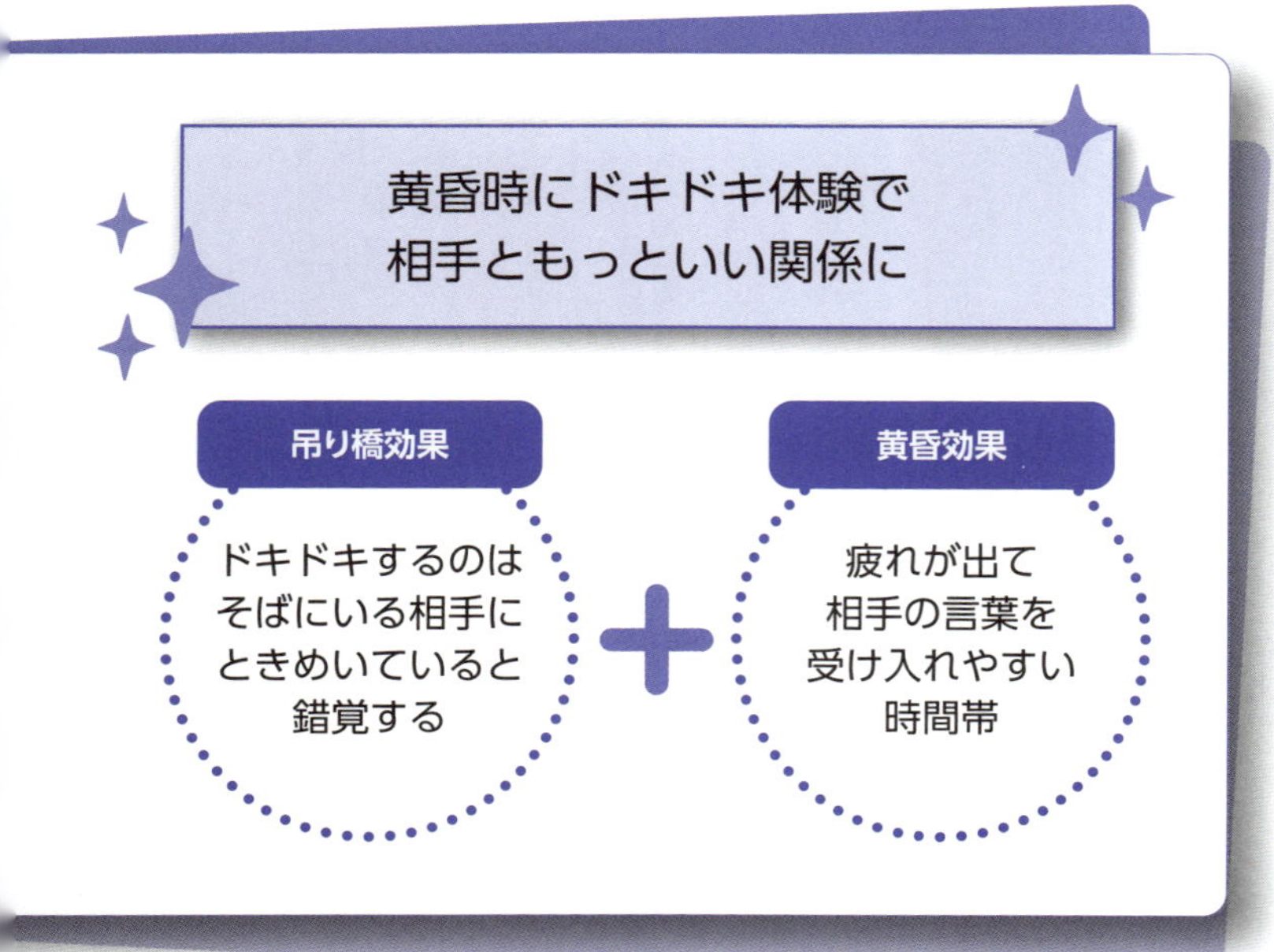
黄昏時にドキドキ体験で
相手ともっといい関係に
吊り橋効果
ドキドキするのはそばにいる相手にときめいていると錯覚する
黄昏効果
疲れが出て相手の言葉を受け入れやすい時間帯

**の言葉を受け入れやすい時間帯**なのです。昼間の明るい時間帯に好意を伝えるよりも、黄昏時だと受け入れられやすくなります。徐々に暗くなる頃合いに打ち上がる花火を一緒に眺めていれば、ロマンチックな気分も手伝い、二人の距離はグッと縮まることでしょう。

もう一つの魔法は、**ドキドキ体験を共有する**ことです。ここではお化け屋敷やジェットコースターなどが候補として挙げられます。お化けや高所で感じる恐怖感や不安感、その**ドキドキをそばにいる相手に対する恋のときめきと勘違いしてしまう錯覚を使う**わけです。これは実際に吊り橋を渡る実験から効果を証明したことから、「**吊り橋効果**」と呼ばれています。

ある意味、観覧車に乗って花火大会を見るというのが、最強の組み合わせとなるかもしれません。

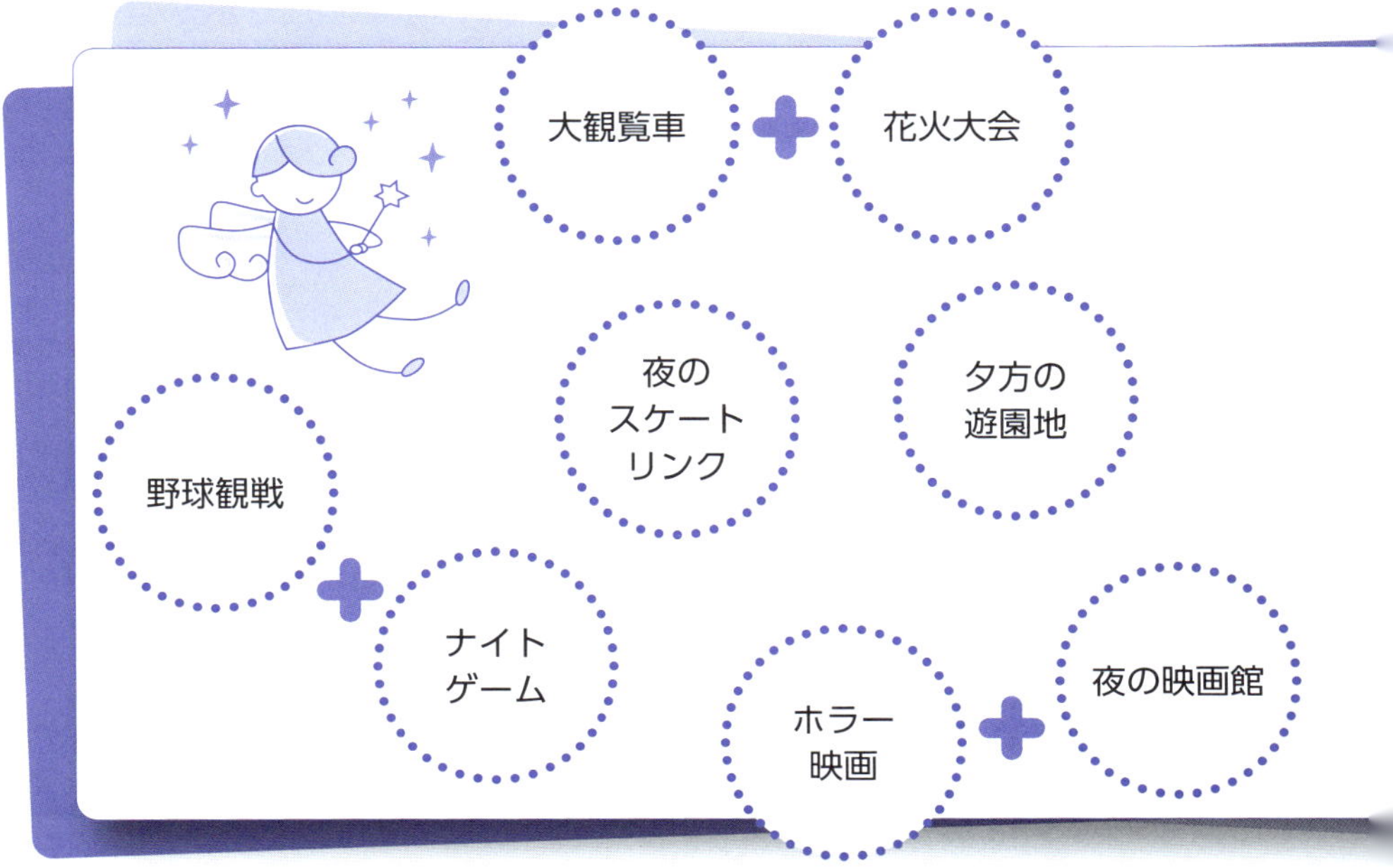

大観覧車
花火大会
夜のスケートリンク
夕方の遊園地
野球観戦
ナイトゲーム
ホラー映画
夜の映画館

# 24 小さな頼み事をして相手から好かれる魔法

## 頼み事を受け入れたのは相手が好きだから!?

職場や学校、サークル活動など社会生活を送る上で、自分の味方となってくれる人は多いほうが何かと心強いもの。もしもあなたの友人に、誰か気に入られたい人がいるのであれば、頼み事をする方法を伝えてみましょう。不思議なことに**頼み事をすると相手から好かれやすくなる**のです。

古い映画ではピンチに陥ったヒロインをヒーローが助けて「恋に落ちる」という展開がよくありました。そして、同時に「助けたヒーローもヒロインに恋をしてしまう」パターンも多いのです。

気に入られたい相手には
小さな頼み事を

会社で同じ部署に
気に入られたい
先輩がいるんだけど
あまり接点が
ないんだよね…

それなら
軽い頼み事を
してみるといいよ！

ここで起きていることを心理学的に説明しましょう。人は自分の行動をふり返る際、無意識のうちに合理的に考えようとします。つまり、**自分は相手に好意があるから助けたのであり、好意のない相手は助けないだろうと考える**のです。もし、嫌いな相手なのに助けてしまうと、その行動に矛盾が生じるからです。このような**矛盾を解消するための心の葛藤を認知的不協和理論**と呼びます。

これを気に入られたい相手に活用すればいいのです。たとえば、簡単な作業でいいので「締め切りギリギリだから手伝ってもらえないかな？」と頼み事を引き受けてもらいます。すると相手は「なぜこの人の頼みを引き受けたのだろう？」→「嫌いな人であれば受けないはず」と考え、「この人に好意があるから引き受けたのだ」と無意識のうちに自分を納得させてしまうのです。

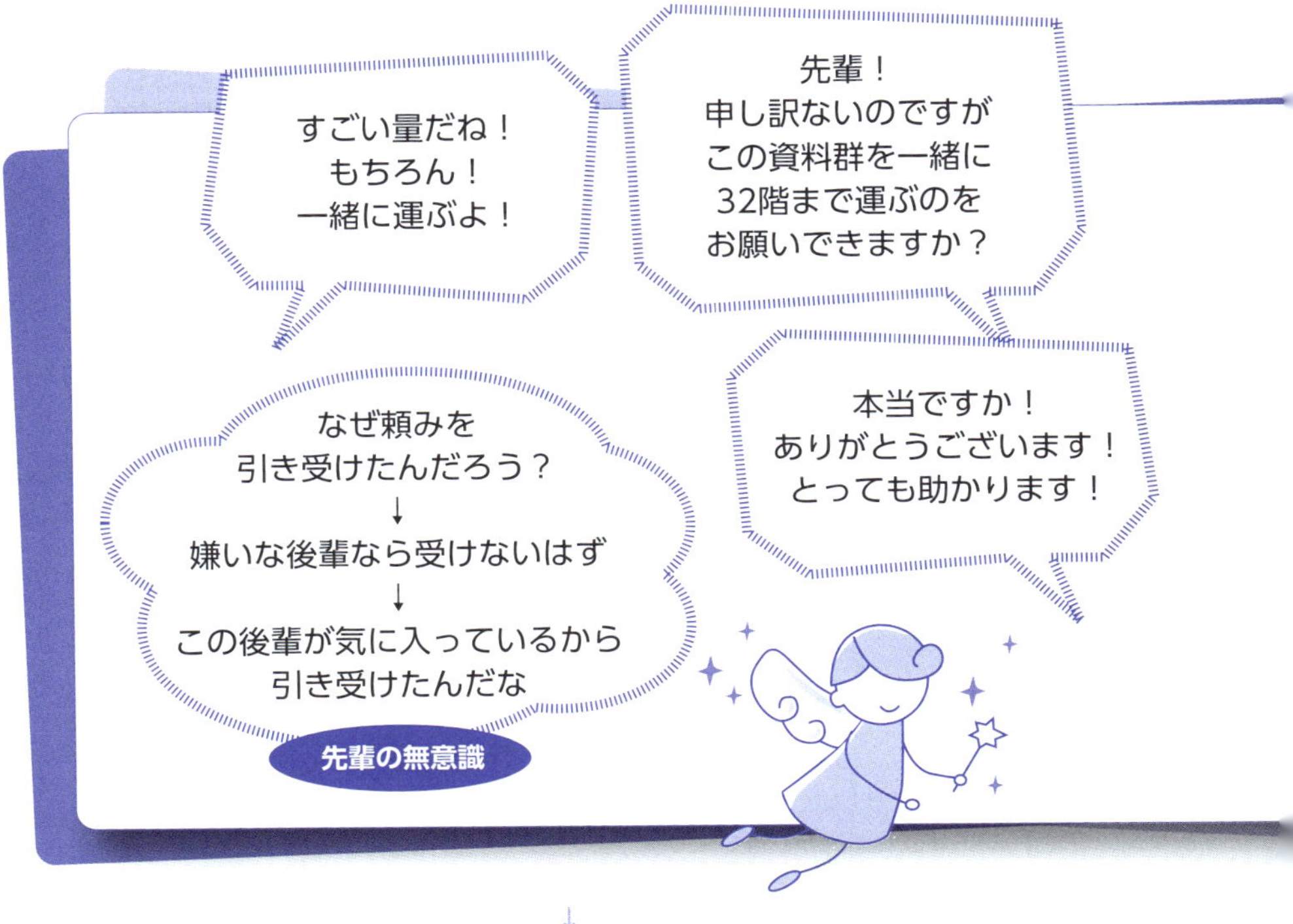
先輩！
申し訳ないのですが
この資料群を一緒に
32階まで運ぶのを
お願いできますか？
すごい量だね！
もちろん！
一緒に運ぶよ！
本当ですか！
ありがとうございます！
とっても助かります！
なぜ頼みを
引き受けたんだろう？
↓
嫌いな後輩なら受けないはず
↓
この後輩が気に入っているから
引き受けたんだな
先輩の無意識

# 25 場が和やかになる座り方の魔法

## 何気なく座るのではなくシーンごとに最適な位置を選ぶ

あなたは誰かと会話をしたり、グループでミーティングをしたりする際に、テーブルのどの位置に座るかを意識していますか？　実は会議や話し合いなどでの**行動や発言、座る位置などを見れば、人の心理状態はわかってしまう**ものなのです。

これを研究したのがアメリカの心理学者**スティンザー**で、会議での3つの傾向を発見しています。1つ目は、以前に口論したことのある相手がいるときはお互い正面に向き合って座る傾向がある。2つ目は、リーダーシップが弱い会議の席では正面同

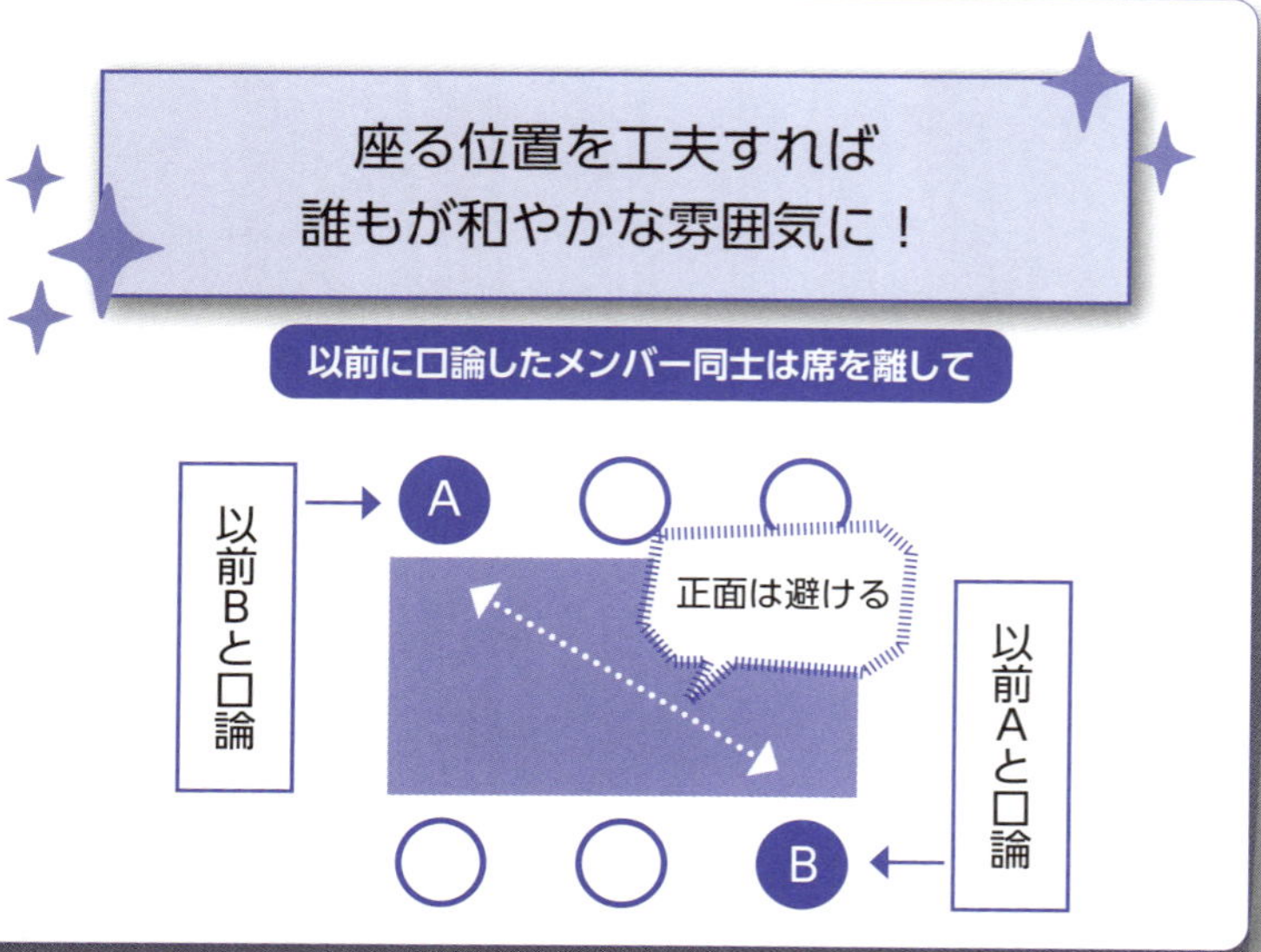

座る位置を工夫すれば
誰もが和やかな雰囲気に！
以前に口論したメンバー同士は席を離して
以前Bと口論
A
正面は避ける
以前Aと口論
B

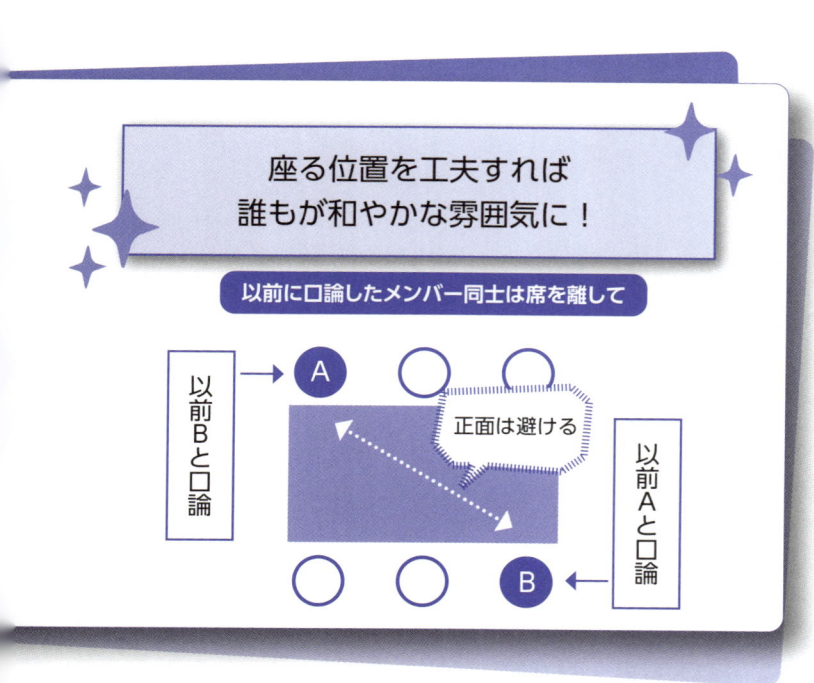

士で私語が交わされ、強い場合は隣同士で交わされる。3つ目は、ある発言の後に発言する場合の多くは反対意見である。これらの傾向を**スティンザーの3原則**といいます。実際に会議の席で似たような経験をした人は多いのではないでしょうか。

1対1で座る際は、向かい合って座るのは緊張感を生みやすいので、面接などあらたまった話をするとき、90度の角度で座るのはリラックス状態での雑談、隣同士で座るのは共同作業に向いています。テーブルをはさんで斜め向かいで座るのは、会話を避けたいときのポジションです。

ちなみに会議では、参加メンバーが**自由な意見を出し合うブレーンストーミング**などの際は**丸いテーブルのほうがよい**とされています。角テーブルでは議長との位置関係で、発言しやすい席としにくい席が出てきてしまうので不向きなのです。

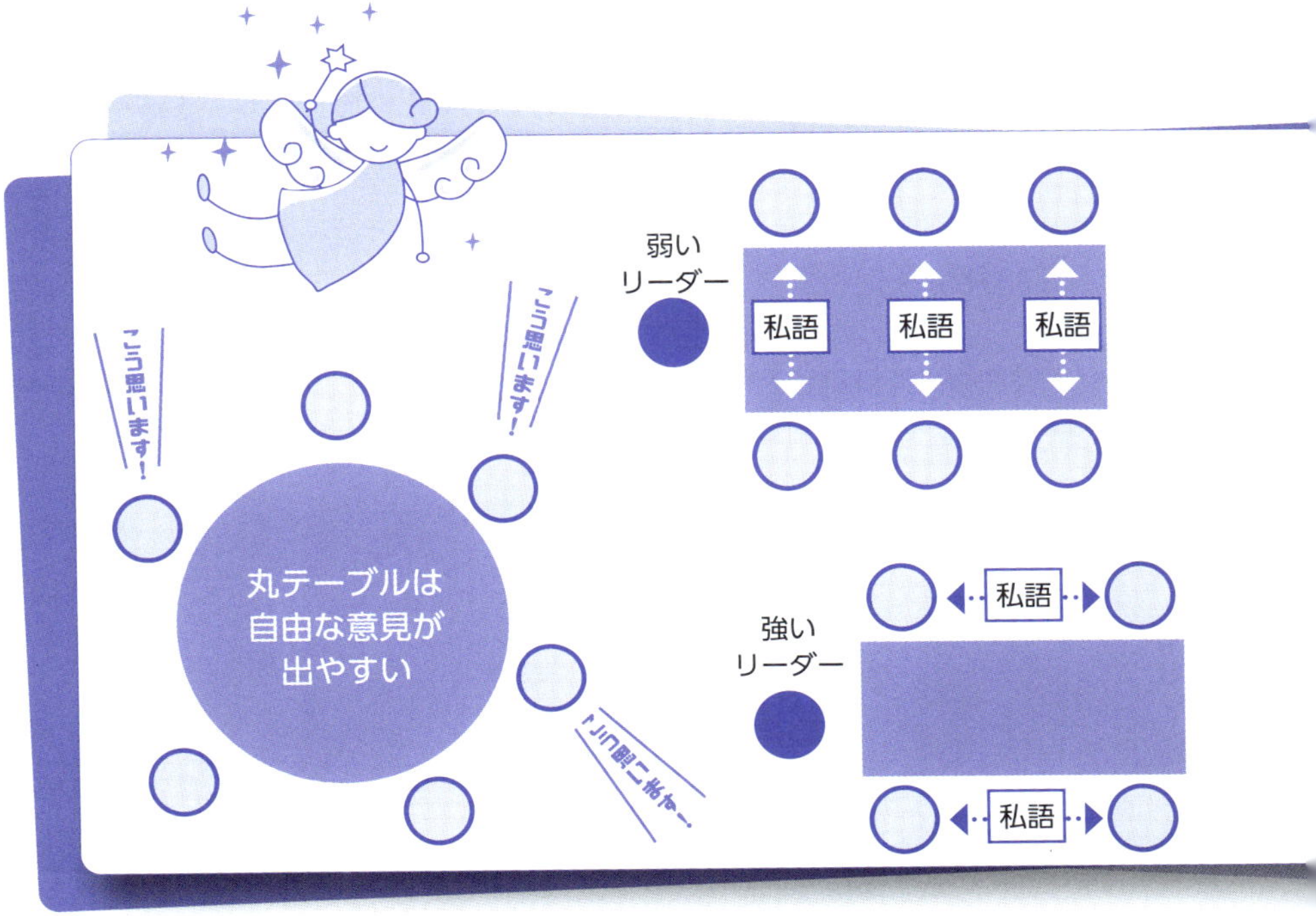

弱い
リーダー
私語
私語
私語
こう思います!
こう思います!
丸テーブルは
自由な意見が
出やすい
強い
リーダー
私語
私語

column 1

# 八方美人は損をする!?「ビュリダンのロバ」

一頭の空腹のロバがいます。３メートル離れたところに、水がたっぷり入った桶とエサが山盛りになった桶がそれぞれ置いてあります。水桶とエサの桶の間も３メートル離れています。さて、ロバはどちらの桶に行ったのでしょうか？

正解は、「どちらにも行かない」。

ロバは立ち往生するばかりで、どちらへも行けず、最後には餓死してしまいます。これは「ビュリダンのロバ」という心理学では有名な逸話です。「いざ選択」という場面で、「どちらも欲しい」と決断できずにいると、やがて大きな損失を被ってしまうという教訓が秘められています。たとえば、ＡさんとＢさん、どちらを選ぼうかといつまでも迷っていると、両方とも恋人ができてしまい、結局「失恋」ということもあるのです。人生には必ず決断を迫られるときがあります。どちらを選んだところで後悔は必ずあるのだということを心にとどめ、しっかり自分で決めていきたいものです。

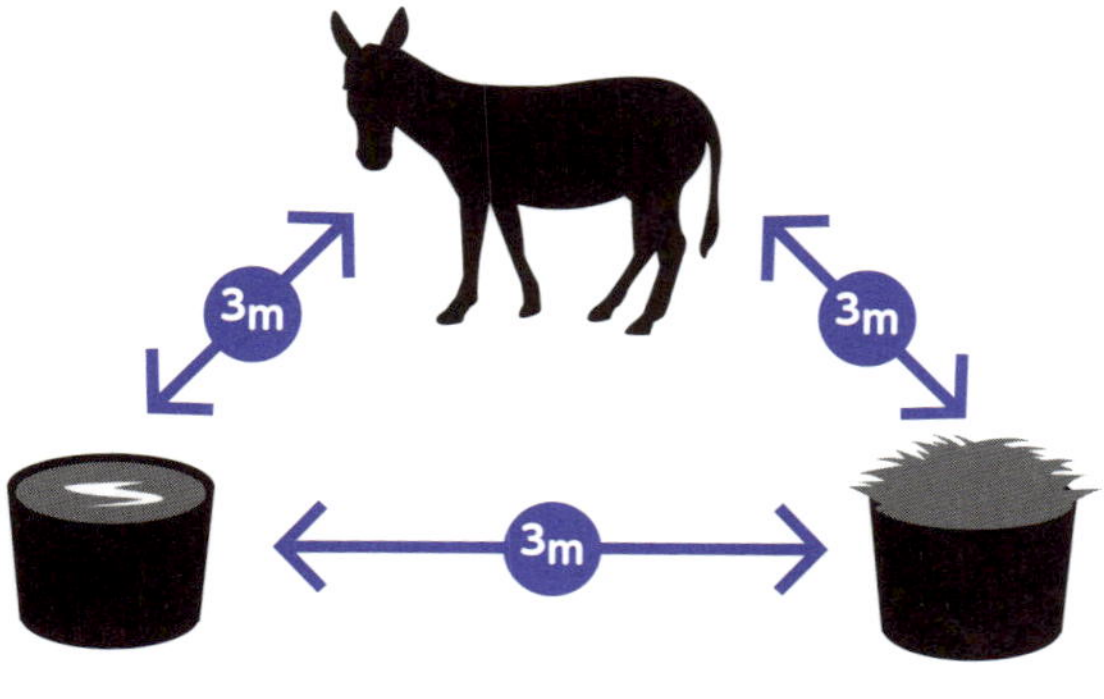

# 第2章

# 自分の心を守れる魔法

# 1 相手が自分を叱れなくする魔法

## 自分の仲間だと思うと不思議と叱りづらくなるもの

自分を叱ってくる人というのは身の回りにいる決まった人が多いものです。叱られるのはイヤなので普段から敬遠したくなるのは当然の感情でしょう。それでも少し我慢して、その人の懐に飛び込んでしまうと不思議と叱られなくなるのです。

たとえば、職場の上司であれば、**「今度、飲みに連れて行ってください」**という具合です。

相手はいつも叱っているので、自分は敵視されていると思っていたはずです。そんな部下から突然飲みに誘われれば一瞬驚くことでしょう。でも、

**叱れなくするように**
**相手の懐に飛び込もう！**

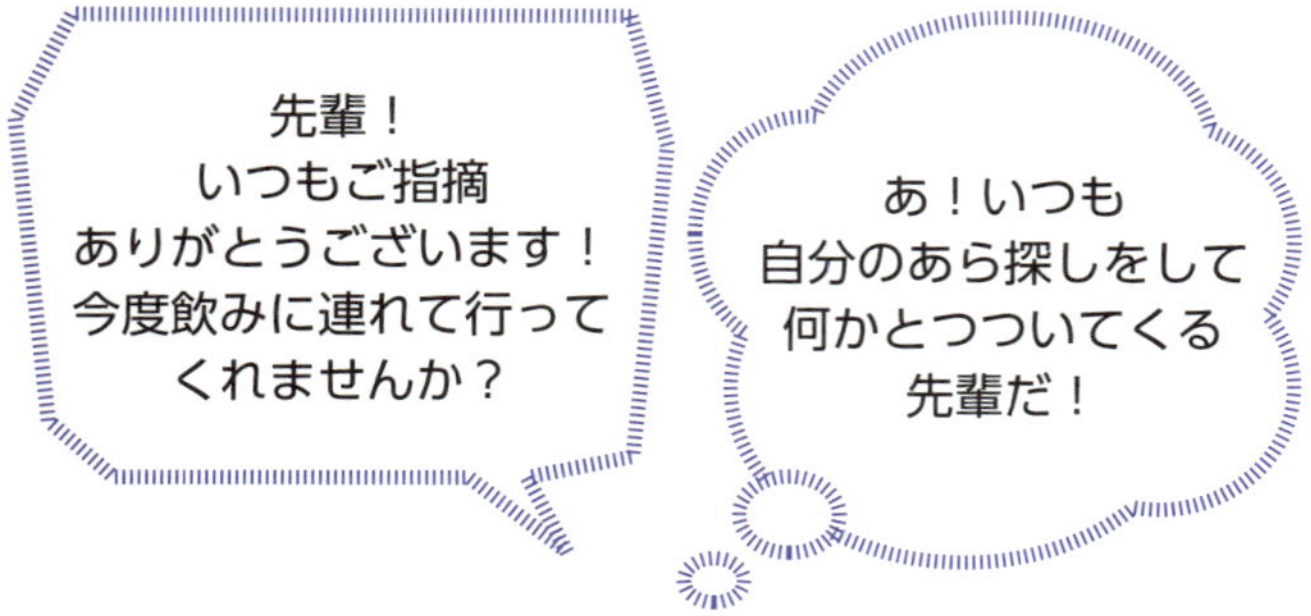
先輩！
いつもご指摘
ありがとうございます！
今度飲みに連れて行って
くれませんか？
あ！いつも
自分のあら探しをして
何かとつついてくる
先輩だ！

自分を慕ってくれる人に対しては、誰だって悪い感情を持つ人はいないはずです。すると、上司の心のなかには、あなたを**自分と同類であると考え、好感を抱く**ようになる**同類意識**が生まれます。

　こんなふうに、一度酒を酌み交わして互いに親しくなると、今度は上司のなかに**内集団ひいき**の心理が働きます。これは**自分が所属する集団（内集団）のメンバーのほうが、それ以外の集団（外集団）のメンバーに比べて人格や能力が優れていると認知し、優遇する**というものです。たとえあなたが何かミスをおかしても、以前のように叱責するのではなく、注意程度で済むようになるでしょう。

　もちろん、飲み会の席で「君はいつもここがダメなんだ」と、多少の注意を受けることはあるかもしれません。でも、それはあなたのためを思った愛情あるアドバイスに変わっているはずです。

なんだ？いつもダメ出ししているのにどうしたんだ？
お、おう！オレと飲みたいのか？いいぞ！いつなら行ける？
やったー！できれば今週末が都合がいいんですがどうですか？
喜んでるぞ！なんだかかわいいなウチのグループは素直なメンバーが多いな！

# 2 相手を傷つけずにお誘いをうまく断る魔法

## 断られるのは自分のせいではないと相手が思えるような理由をつける

人からのお誘いを受けた際、受けるのは簡単ですが断るのは意外と難しいものです。実際、意識をしたことのない異性から突然デートに誘われたときなど、どう断ったらいいものか苦労することもあるでしょう。できれば波風立てずに上手に断りたいところです。

例を挙げると、「週末、〇〇へ行きませんか?」と誘われたものの相手にはまったく興味がないとしましょう。ここで「今週はちょっと用事あるので…」と答えてしまうと、「では来週は?」「いつだっ

### 相手と気まずくならない？上手な断り方

よかったら今月、新しくできたイルミネーションがキレイなショッピングモールに行かない？

この人と行ってもあんまり楽しくなさそうだな…

たら空いていますか？」などとしつこく誘われるケースも考えられます。ここでウソの理由をつけて断ると、後にバレてしまったときに気まずい展開となりかねないので避けたいものです。かといって「あなたには興味がないです」とぴしゃりと断るのも**相手の自尊心を傷つけてしまう分、ストーカー化する可能性**もあるので注意が必要です。

上手な断り方としては、「今、心の余裕がないのでゴメンナサイ」「詳しくは話せないけどいろいろあってしばらく無理そうです」などが無難です。たとえ**あいまいな理由でも、相手がそれ以上詮索するのをためらってしまうような返事**でいいのです。すると相手は、何か大事な事情があるから断っているだけで**「自分のせいではないからあきらめよう」と心のなかで合理化（正当化）**し、その状況を受け入れやすくなるのです。

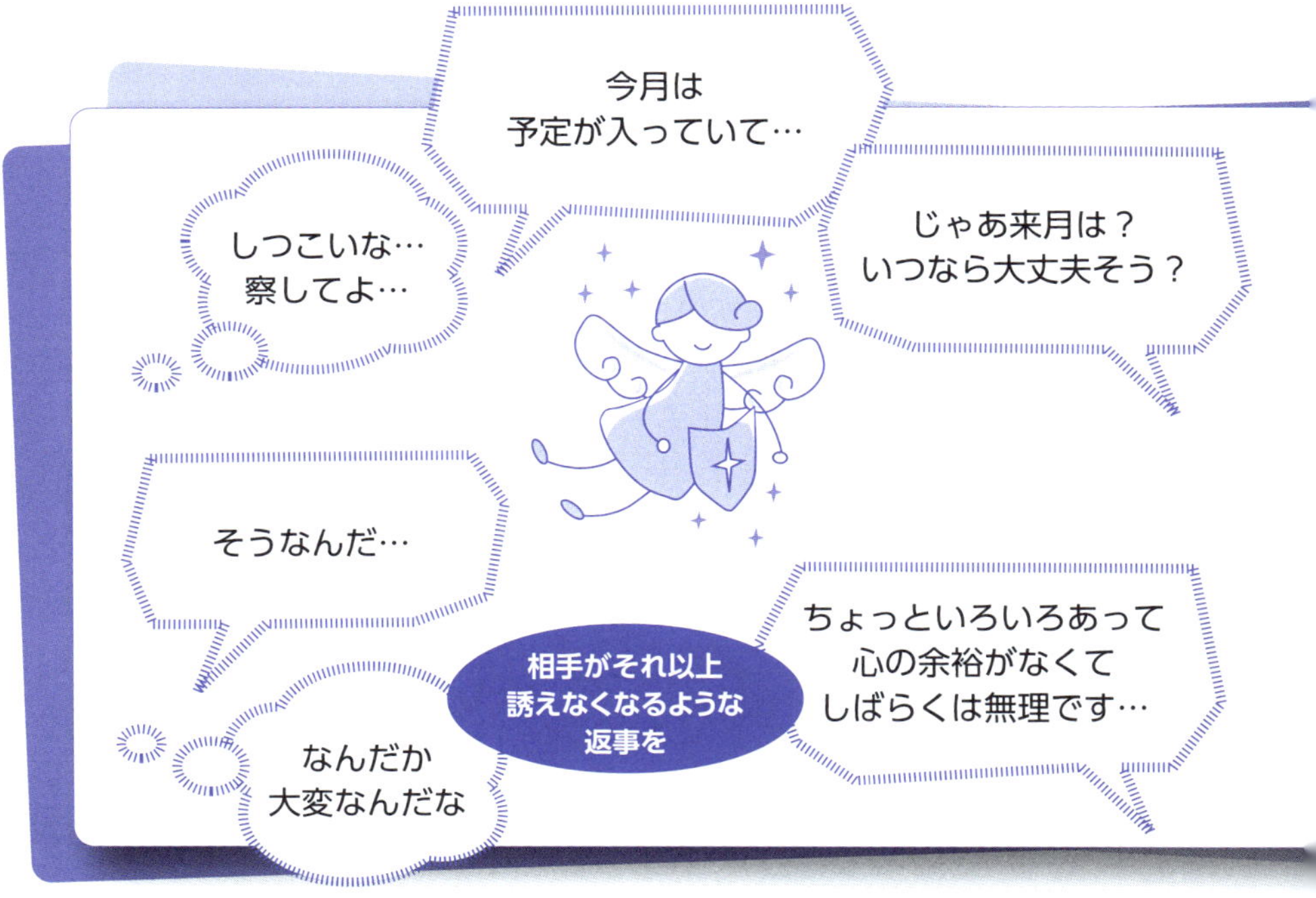
今月は
予定が入っていて…
しつこいな…
察してよ…
じゃあ来月は？
いつなら大丈夫そう？
そうなんだ…
ちょっといろいろあって
心の余裕がなくて
しばらくは無理です…
相手がそれ以上
誘えなくなるような
返事を
なんだか
大変なんだな

# 3 自分を「なりたい自分」に改造する魔法1

## 「なりたい自分」を思い描いて その役割を演じてみる、

ふとしたときに自分の性格について「ネガティブだなぁ」と感じてしまう人は意外と多いのではないでしょうか？　そんな自分がイヤで、時々自己嫌悪に陥ってしまう人もいるかもしれません。

そんなときは**「なりたい自分」を想定して、そんな自分を演じてしまう**という手が有効です。

ここで**スタンフォードの監獄実験**をご紹介しましょう。この心理実験では被験者を看守役と囚人役に分けて、模擬刑務所で収監しました。すると、看守は看守らしい高圧的な態度で囚人に接するよ

なりたい「自分」を演じよう！！

いつもおちゃらけて
いるからか
何を言われても
傷つかないと
思われてるな

あのアニメの
シブいキャラに
なったつもりで
毎日を過ごして
みよう！

うになり、囚人は看守に媚びたり、逆に反抗的な態度になったりと、囚人らしい行動をとるようになったのです。つまり、**人に役割を与えただけで無意識のうちにその役に沿った行動をとるようになってしまった**わけです。

これを自分の生活にあてはめてみましょう。たとえば、**「ポジティブな明るい性格の芸能人（イメージしやすい人）」になりたいと設定します**。最初のうちは、意識的に何事もポジティブにとらえるように心がけ、明るく人と接するようにします。しばらく続けていくと習慣として身についてきて、より**自然にその役割を演じられるようになる**はずです。このように「なりたい自分」を頭に描いて、それに即した行動を意識してとるようにしていくと、次第に自分の行動が、その目標に向かうために即した行動へと変化していくものなのです。

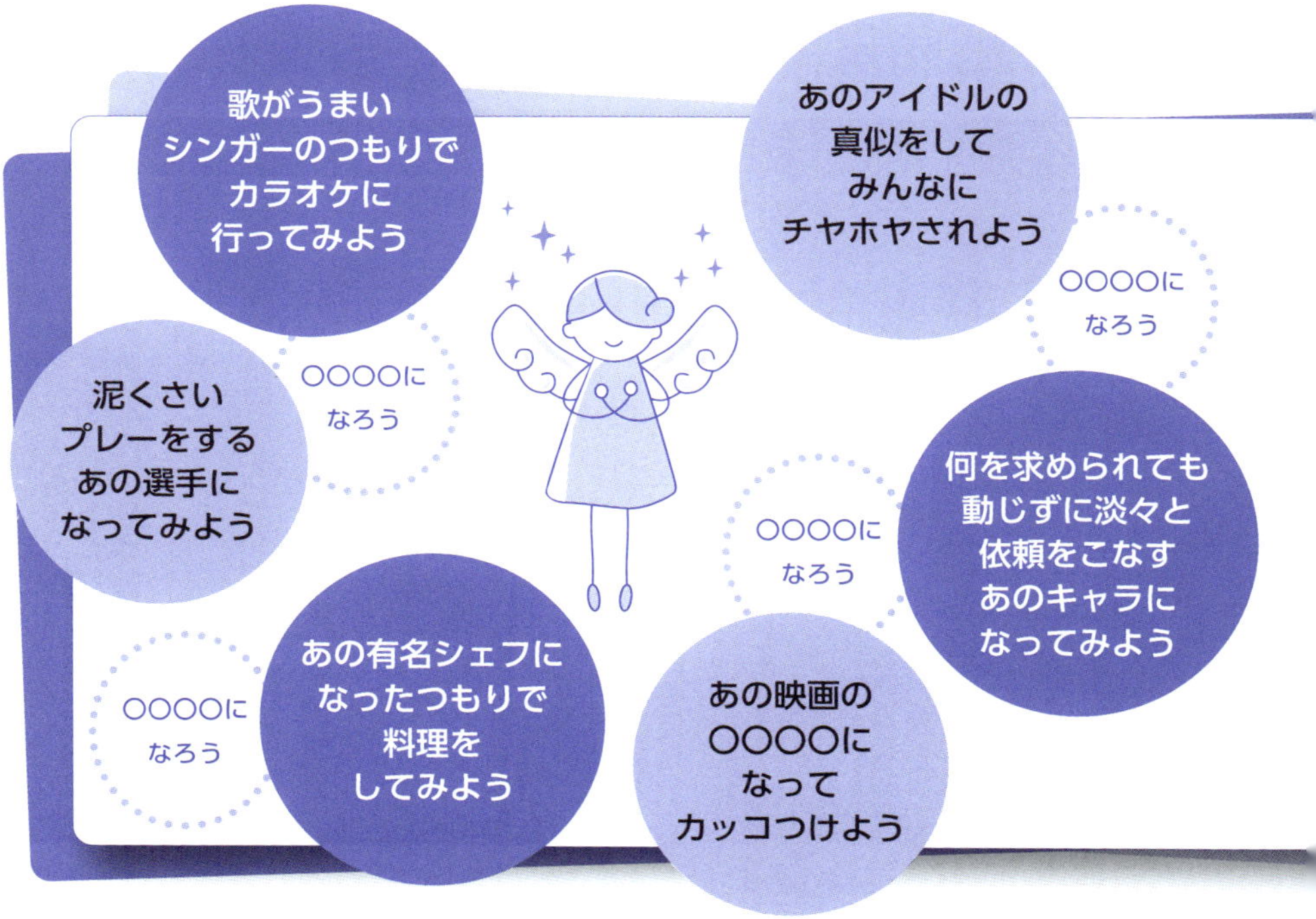

歌がうまいシンガーのつもりでカラオケに行ってみよう
あのアイドルの真似をしてみんなにチヤホヤされよう
○○○○になろう
泥くさいプレーをするあの選手になってみよう
○○○○になろう
何を求められても動じずに淡々と依頼をこなすあのキャラになってみよう
○○○○になろう
あの有名シェフになったつもりで料理をしてみよう
○○○○になろう
あの映画の○○○○になってカッコつけよう

# 4 自分を「なりたい自分」に改造する魔法2

## 身に着けている色を変えるだけで印象はガラリと変わる

前項では「なりたい自分」を精神面から演じる方法をご紹介しました。この項では、自分が身に着けるもので「なりたい自分」になるための方法をお教えしましょう。

洋服やアクセサリーを選ぶときなど、誰もが好みの色を持っていると思います。実は**色に対する好みについても人の本質が隠れている**のです。たとえば、赤が好きな人は征服欲があり野心家、黒だったら孤独で自尊心が強い、青であれば誠実で気配り上手などです。

**なりたい自分と身に着ける色をリンク！**

暗い性格の自分を誰とでも話せる社交的なキャラに変えたいな

黄色やオレンジ、茶色などのアイテムを身に着けよう！

もしあなたが対人関係をうまく築けないことにコンプレックスを抱いていて、本当はもっと明るく社交的な部分を出したいと思ったとしましょう。こういう人は黒などの暗い色を好む傾向があるので、意識的に社交の色である黄色や茶色などを身に着けるようにします。すると**知らず知らずのうちに表情まで明るくなり、周囲の人に接する際の印象も変わる**はずです。同時にイメージチェンジしたことに対して、周囲の人も「今日はいつもと違うね」などと話しかけやすくなります。すると、自然と会話がはじまり、コミュニケーションが円滑になるという具合です。

**身に着けている色は、当人の印象を決めるのに大きな作用をしているもの**なのです。それだけに色選びを意識して変えてみるのは、手っ取り早くイメージチェンジするために有効といえます。

※色の好みからわかる性格はP.125参照

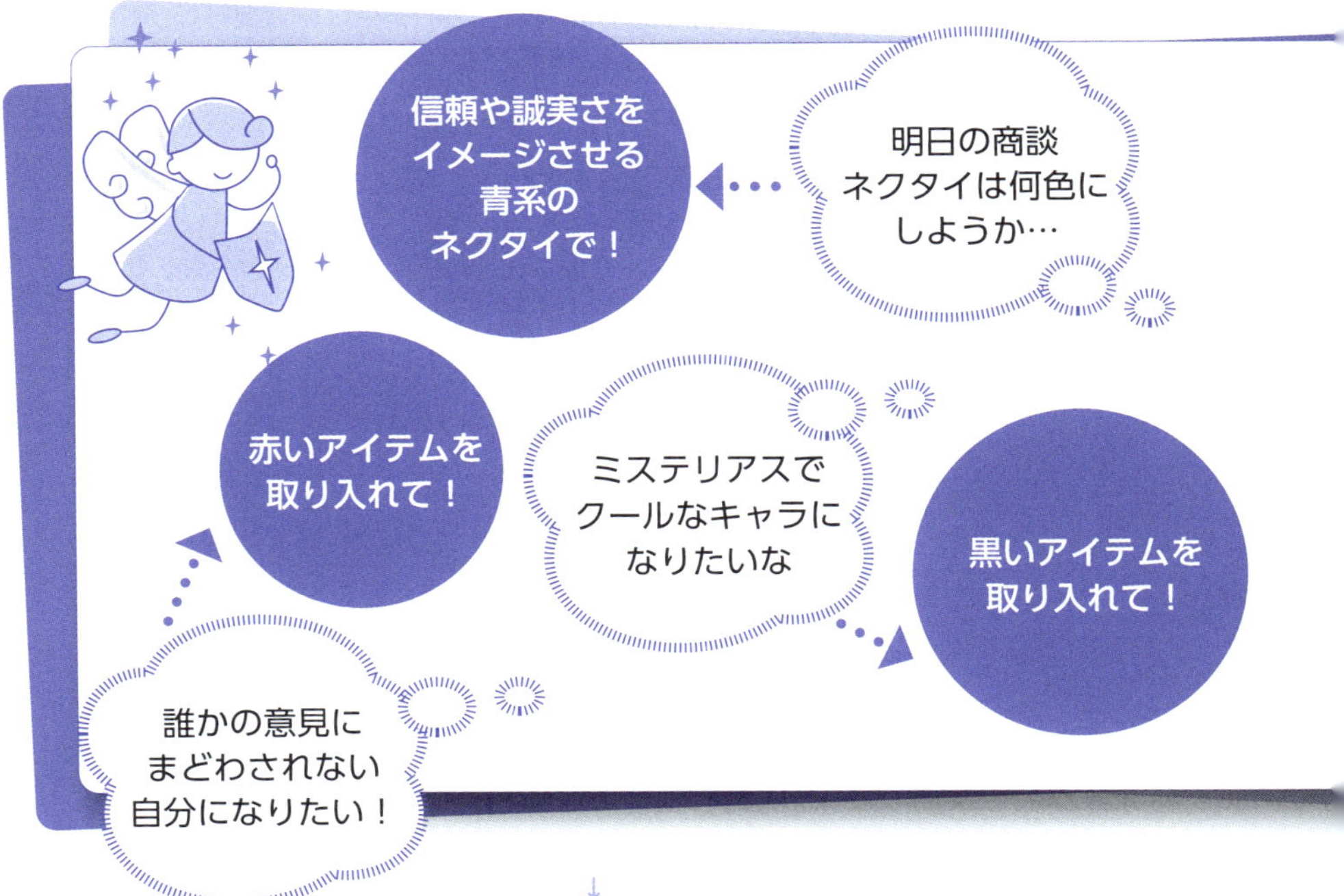
明日の商談
ネクタイは何色に
しようか…
信頼や誠実さを
イメージさせる
青系の
ネクタイで！
ミステリアスで
クールなキャラに
なりたいな
黒いアイテムを
取り入れて！
誰かの意見に
まどわされない
自分になりたい！
赤いアイテムを
取り入れて！

# 5 劣勢な状況からの大逆転を成功させる魔法

## 少数派の意見が多数派を打ち破る2つの方略とは？

会社という組織をはじめ、グループや集団のなかでは少数派の意見は軽く扱われがちで、気づいたらなかったことにされることも多いものです。

それでも、その意見が向かっている方向としてはけっして間違いではなく、むしろ何とかして実現させたいと思ったら、**マイノリティ・インフルエンス**で大逆転を目指しましょう。

マイノリティ・インフルエンスとは「**少数者の影響**」という訳語が示す通り、**圧倒的な多数派に対して少数派が形勢を逆転したり、少数派の意**

**何かを変えたいなら**
**少数派でも主張を続けよう！**

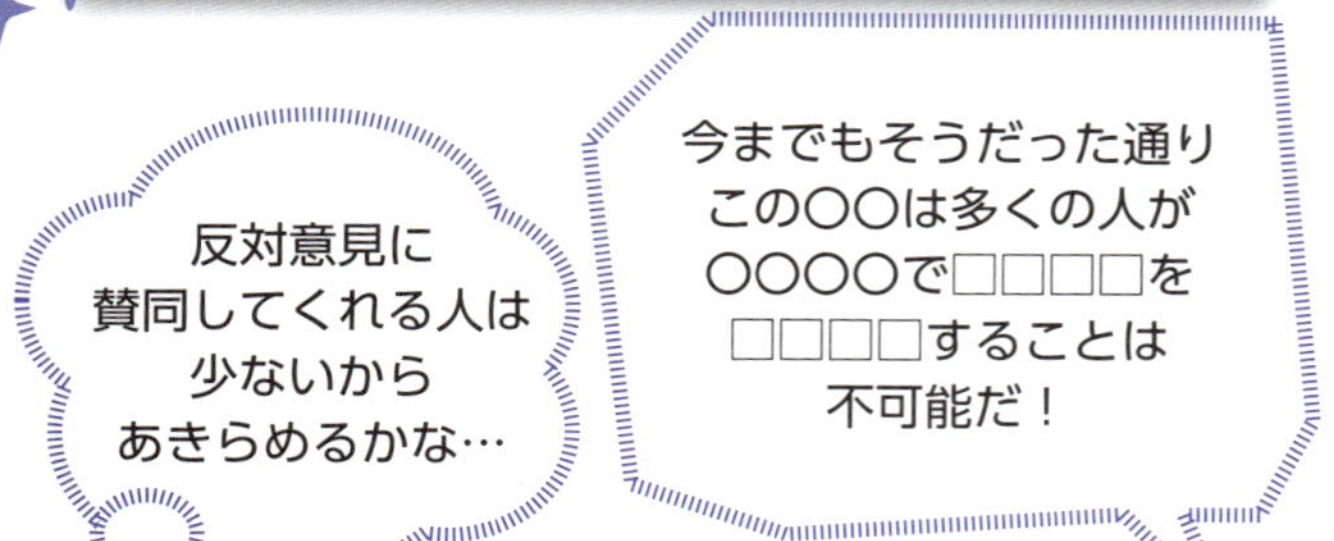
今までもそうだった通り
この○○は多くの人が
○○○○で□□□□を
□□□□することは
不可能だ！
反対意見に
賛同してくれる人は
少ないから
あきらめるかな…
No good...

**見が集団全体に影響を与えたりすること**をいいます。これには2つの種類があります。

一つは**ホランダーの方略**と呼ばれるものです。これは過去に集団に大きく貢献した人が少数派となったとき、多数派が「あの人の意見なのだからもしかして正しいのでは？」と、自分たちの考えを見直し、支持を得ていく方法です。

もう一つは**モスコビッチの方略**です。これは**実績がない少数派でもかたくなに自分たちの意見を主張し続けると、やがて多数派を切り崩していき、集団全体の意見が傾く場合がある**というものです。とはいえ、自分の主張にどこか穴があったり、理想と現実のズレが大きかったりしたときにはこの効果は発揮されないので要注意です。

自分の立場がどちらの状況に近いのかを見て、ぜひ大逆転を目指してみましょう。

そんなの
ムリだよ
みんなわかってる
Gooood！
□□□□を
□□□□することは
可能なんだ！
□□□□を
□□□□することは
できるはず！
まだ言って
るんだ…
確信が持てるなら
発信し続けよう！
もしかしたら
そうなのかも
しれないぞ？
□□□□を
□□□□することは
現実的なんだ！

# 6 怒ってしまいそうなときに冷静になれる魔法

## 怒りのコントロールのコツは6秒数えながら深呼吸、

今までに怒ったことのない人はおそらくいないと思われます。仕事や恋愛などのシチュエーションで、納得のいかない対応をされた、浮気をされたなど、理由も人それぞれあるでしょう。

ただ、怒りにまかせて、人を傷つけたり、その場の雰囲気を壊したりなど、社会生活を送る上で自分の立場を悪くするようであれば問題です。

ここでは怒りをコントロールする方法をご紹介しましょう。

**アンガーマネジメント**は、自分に湧き上がった

怒りの感情を
コントロールしよう

なんだって！
どうしてこれが
こうなるんだ！！
いい加減にしろ！

まずは
6秒数えよう！

**怒りの感情を管理・コントロールする方法**です。**怒りを感じたら、まず6秒数える**ことを意識しましょう。これは怒りが生まれてから理性が働くまでの時間は6秒と考えられているからです。同時に、**静かに深呼吸をする**のも冷静さを取り戻すきっかけとなります。次に、できれば**怒りの原因になる対象から離れる**のがいいでしょう。中座してトイレに行くのもいいですし、その場から離れることができなければ、対象から目をそらすだけでもOKです。さらに、いったん**思考を停止**させ、別のことを考えるようにします。午前中であれば、昼ご飯に何を食べようかなどでいいのです。

そして、**最後に怒りの感情に点数をつけてみます**。「今の怒りは10のうち7くらいだな」という具合です。おそらくその頃には、かなり冷静さを取り戻していることでしょう。

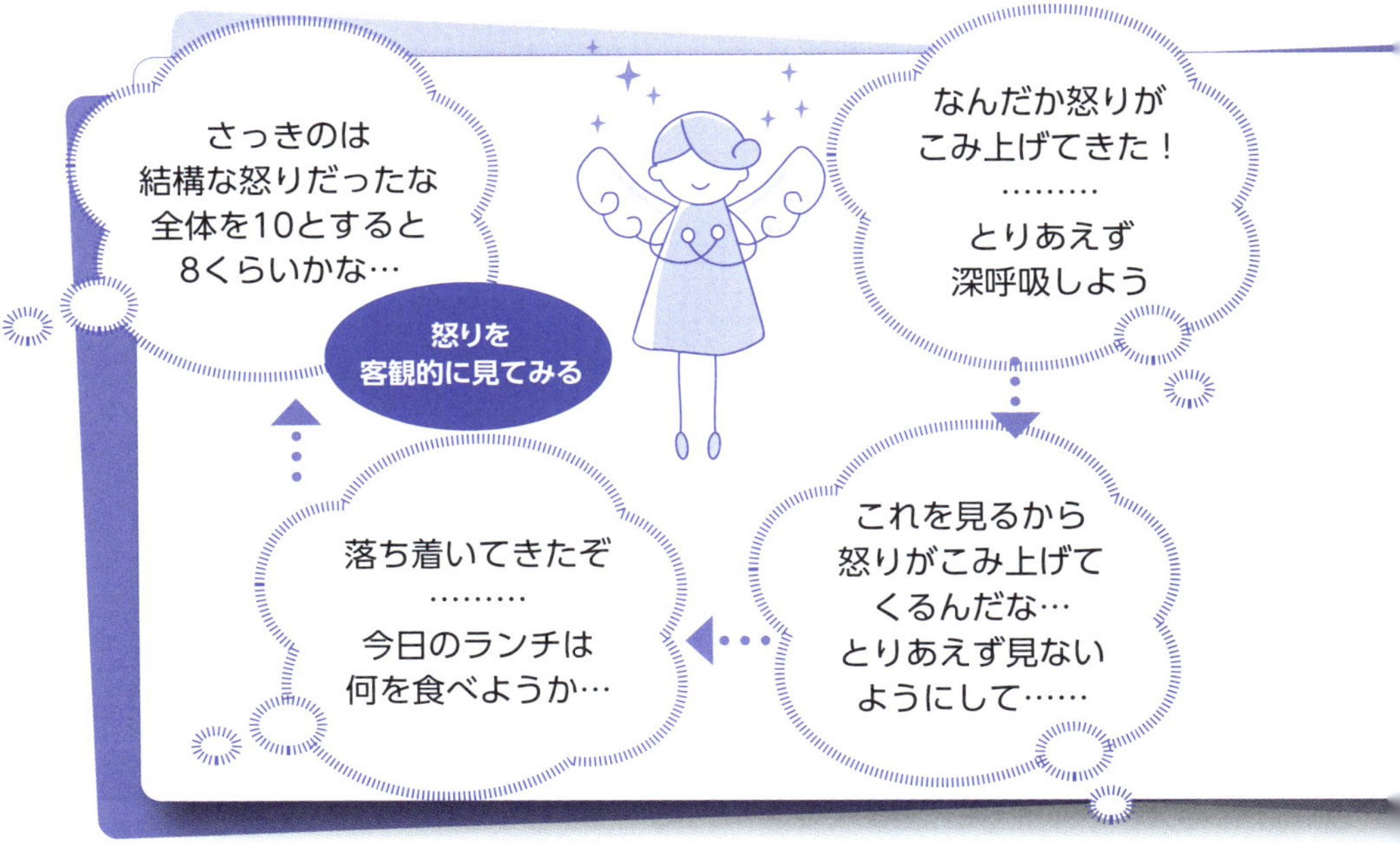
なんだか怒りがこみ上げてきた！………とりあえず深呼吸しよう
これを見るから怒りがこみ上げてくるんだな…とりあえず見ないようにして……
落ち着いてきたぞ………今日のランチは何を食べようか…
さっきのは結構な怒りだったな全体を10とすると8くらいかな…
怒りを客観的に見てみる

# 7 「完璧に！」という思い込みから解放される魔法

## 極端な思い込みを避けて心の健康を保つには？

物事をポジティブにとらえる人もいればネガティブにとらえる人もいます。とらえ方次第で人の心はいい方向にも悪い方向にも傾くものです。

もしあなたが、自分は少し思い込みのはげしいタイプという自覚があったら要注意です。小さい失敗をしただけでも重大な過失と見なしてしまう人や、つねに物事に白黒をつけなければ気が済まないような人は、**心の問題を抱えやすい**のです。

具体例を出すと、「ちょっと熱が出たくらいで休むべきでない」のように**「～すべき思考」**をし

「こうじゃなきゃ」という
思い込みを手放そう！

なんだか風邪を
ひいたみたいだけど
これぐらいの
熱なら出社しなきゃ
ならないな

体調が悪いなら
ムリして出社
しなくても
いいんじゃない？

**やすい人**。また、メールの返事をくれない人に対して「きっと私を嫌っているんだ」と**極端な考え方をしがちな人**です。

これらの例は、**人が無意識に行う思い込み**で、**イラショナル・ビリーフ（非論理的な考え方）**と呼ばれます。完璧主義の人によく見られる思考といえます。極端な思い込みは、対人関係にも悪影響を及ぼすので避けたほうが無難です。

もし自分にあてはまると思ったら、考え方を変えるように意識しましょう。前述の熱が出たときだったら、「風邪なのだから他人にうつさないよう今日は会社を休もう」、メールの返事がない人には、「きっと忙しくて返事をし忘れたんだ」という具合です。このように**自分の思い込みであることをまず認識**してから、**ポジティブな考え方に軌道修正する**ことで心の健康は保たれるはずです。

毎日のお弁当は栄養バランスを考えて絶対に手作りじゃなきゃ！
栄養バランスがとれてれば手作りじゃくてもいいんじゃない？
長男だからゆくゆくは実家に戻らないとダメなんだ
実家に戻らなくても好きな場所に住んでいいんじゃない
なんであの人はいつもドタキャンするのかな！
たまたま事情があるのが続いただけなのかもな

# 8 困ったときに誰かが助けてくれるようになる魔法

## 本当に困っていることを素直に打ち明けてしまう

「人がよい」といわれる人は、その人柄につけこまれやすく損をすることが多いものです。

実際、上司に頼まれた仕事など、本来は人数を増やして進めたほうがよい仕事も「自分が頼まれたから」と一人だけで背負ってしまって苦労することもあるでしょう。

そんなお人よしを自認する方におすすめしたい、人への頼み方があります。

「実はクライアントから急ぎの仕事を頼まれて困っているのだけど、手伝ってもらえないかな?」

**自分の窮状をさらけ出せば
誰かが助けてくれる**

○○さんにお願いが！
とても抱えきれない量の
作業を上から言われて
とても困ってます！
なんとか手を貸して
もらえませんか？

その量はさすがに
一人ではムリ
だよな…

よし！手伝うよ！

こんなふうに、**正直に自分の窮状をさらけ出して、人に依頼**してみてはどうでしょう？　これは**アンダードッグ効果**を狙った手法です。判官びいきという言葉もある通り、**人は不利な状況にある人物や集団などに肩入れしたくなる心理を抱きやすい**のです。さらに、困っている人から「自分が必要とされる」ことと弱者に手を差し伸べてあげるという行為で**自尊感情が高まる**ため、頼まれた側は簡単に受け入れてくれるようになるのです。

依頼する際は、少々誇張気味に「本当に困ってるんだ」とアピールするのはOKです。ただ、そこで**ウソの理由を使うのは禁物**です。ウソがバレたとき、あなたへの信頼が以前よりガタ落ちするのは明らかだからです。ちなみに、困っている状況をより具体的に説明したほうが、相手は納得して、手を差し伸べてくれやすくなります。

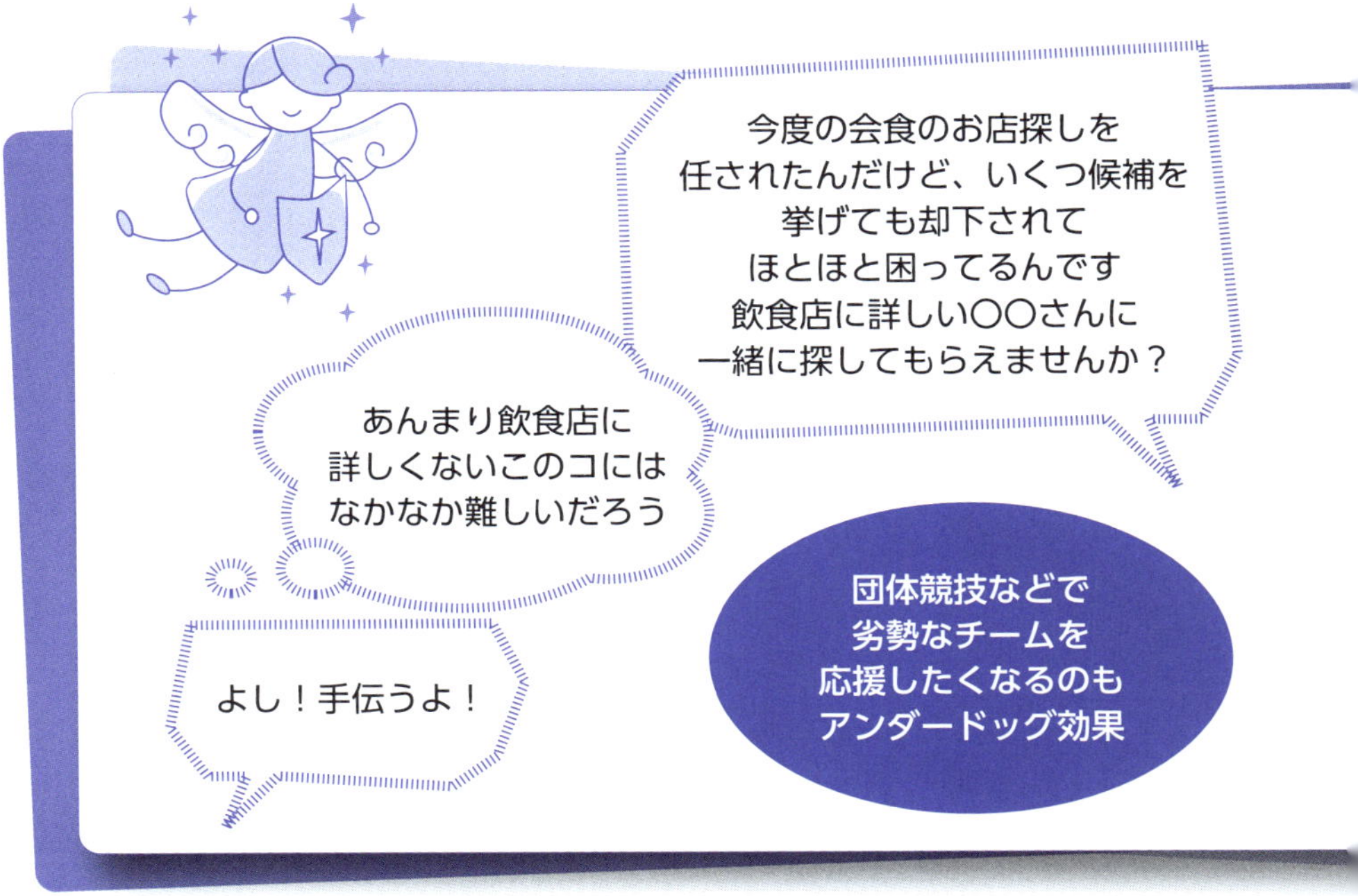

今度の会食のお店探しを任されたんだけど、いくつ候補を挙げても却下されてほとほと困ってるんです　飲食店に詳しい○○さんに一緒に探してもらえませんか？
あんまり飲食店に詳しくないこのコにはなかなか難しいだろう
よし！手伝うよ！
団体競技などで劣勢なチームを応援したくなるのもアンダードッグ効果

# 9 クレーマーから自分の身を守る魔法

## モンスター化した客には毅然とした態度で応対する

ビジネスの現場や接客の仕事などでは思わぬところでクレームをつけられることがあります。

明らかにこちら側に落ち度があるのであれば、謝罪するのは当然ですが、時としてモンスターカスタマーが言いがかりのようなクレームをつけてくるケースだと困りものです。単に憂さ晴らしでやっていることもあれば、金品などの見返りを要求してくることもあります。

そこで下手に要求に応えると後々被害が拡大する恐れもあるので応対には細心の注意が必要です。

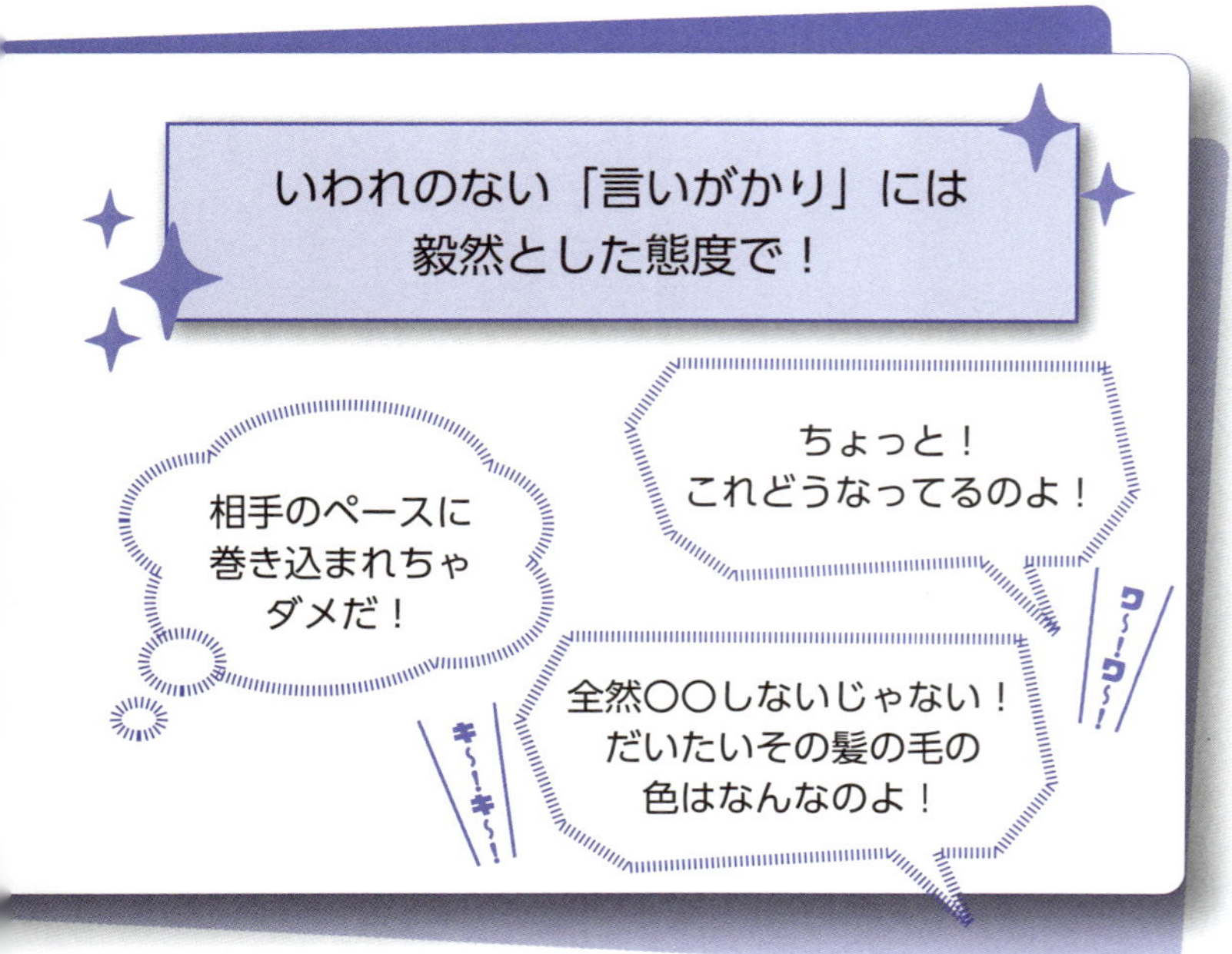
いわれのない「言いがかり」には
毅然とした態度で！
ちょっと！これどうなってるのよ！
相手のペースに巻き込まれちゃダメだ！
全然○○しないじゃない！だいたいその髪の毛の色はなんなのよ！
ワ〜！ワ〜！
キ〜！キ〜！

直接、クレーマーに応対する際にはいくつかのコツがあります。まず、**相手の話にあいづちを打つのはNG**です。ただ冷静に話を聞くことだけでとどめてください。時々、大声で威嚇してくることもあるかもしれませんが動揺を見せてはいけません。じっとこらえて**堂々と受け答え**しましょう。

次にもしも「誠意を見せろ」「それなりの対応をしてくれ」と言われたら、「誠意とはどのようなことですか？」「それなりの対応とは？」と**相手に具体的に口に出させる**ようにします。ここで相手の望んでいるような対応を自分から口にしては絶対にいけません。「金だよ」とか「土下座しろ」などは恐喝や強要罪として扱われるので、相手もうかつには口に出せないのです。

**クレーマーには毅然とした態度で臨み、脅しが通用しないことを示し続ける**ことが大切です。

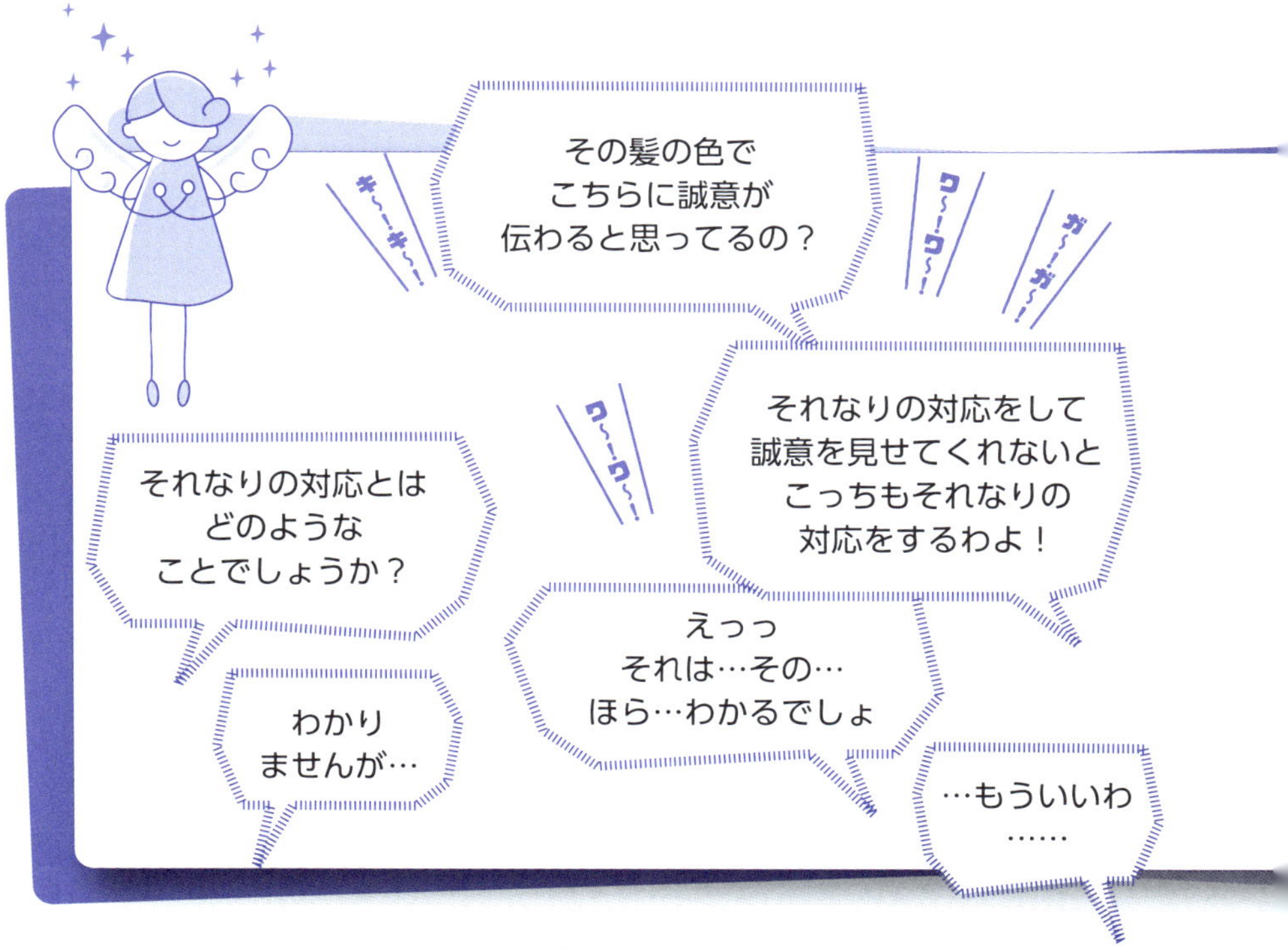

その髪の色で こちらに誠意が 伝わると思ってるの？
キ〜キ〜！
ワ〜ワ〜！
ガ〜ガ〜！
それなりの対応をして 誠意を見せてくれないと こっちもそれなりの 対応をするわよ！
ワ〜ワ〜！
それなりの対応とは どのような ことでしょうか？
えっっ それは…その… ほら…わかるでしょ
わかり ませんが…
…もういいわ ……

# 10 自分も人も傷つけないための「ウソ」という魔法

## 人とのコミュニケーションを円滑にするための一つの手段

小さなウソから大きなウソまで、幼少の頃から大人になる過程で、まったくウソをつかずに過ごしてきた人はいないでしょう。

ドイツの心理学者**シュテルン**は**「だますことによってある目的を達成しようとする意識的な虚偽の発言である」**とウソを定義しています。実際、詐欺や偽証など明らかに人をだますという意図もあるため、罪悪感を覚えてしまう人もいるかもしれません。ただ、「ウソも方便」という言葉があるように、ケースによっては必要なこともあるの

自分も相手も守る
優しいウソ

記念日だから
はりきっていいお肉を
焼いたんだけど
ちょっと火入れに
失敗しちゃったかも…

ありがとう！
すごく美味しいよ！
火入れもこれぐらいが
バッチリだよ！

本当は超レアが
いいけど

です。実際、発達心理学では小さな子供のウソについて、「初めて親にウソをつく際、絶対だった親の束縛から自由になれる」と**親から自立するための大切な一歩**と考えられてもいるのです。

もちろん、人から金品などをだまし取る結婚詐欺や特殊詐欺など、ウソに犯罪はつきものです。とはいえ、自分自身や人を傷つけずに済ますために、知らず知らずのうちに皆がウソを使っているのです。たとえば、髪を切った彼女が今一つ気に入らないと落ち込んでいるときに「似合ってるよ」と本心ではないことを言ったり、母親の手料理の出来がよくなかったときでも「美味しいよ」と励ましたりすることもあります。**優しいウソ**という言葉もありますが、**人にプラスに作用するウソであれば、社会生活を営む上の円滑剤として上手に活用**する分にはバチは当たらないのでは？

髪をバッサリ切ってみたんだけどショートってやっぱり似合わないかな…
いいじゃない！すごく似合ってるよ
長いほうが好みだったけど…
このネックレス見つけた瞬間に君に似合うと思って買ったんだ
ありがとう！わぁ！ステキ！
うーん、あんまり趣味じゃないけど気持ちはうれしい

# 11 「みんなと一緒」という心の縛りが解ける魔法

## 多数意見に合わせることで非難や攻撃から身を守る

日本人は特に「人と一緒の行動をとらないといけない」という考えにとらわれている人が多いといわれています。これは幼少の頃から大人になるまで学校や会社などで、つねに同じような行動をとることを求められてきたのが大きな理由でしょう。ルールからはみ出すことで周囲から非難されたり、攻撃されたりすることを避けるための**自己防衛行動**といえます。

このような**自分の意見や信念を曲げて多数者の意見や行動に合わせる**ことを**同調行動**と呼びます。

みんなと同じじゃなくても
大丈夫！ 柔軟に考えよう

自分だけ変な
行動したり
目立っちゃダメだ
怒られたり、疎外される
かもしれないし

本当にそうかな？
なぜ自分が目立っちゃ
いけないの？
仲間はずれに
なるから？

メンバーが力を合わせ、チームワークを発揮することで、集団として目標達成に向かうという意味ではプラスに働きます。ただ、少数意見を持つ人がいる場合、**多数意見に合わせるよう暗黙のうちに強制する同調圧力がかかる**ことで意見を無視されたり、必要がないのに周囲に合わせて残業したりするなど、マイナスに作用することもあります。

たとえば、電車内では「携帯電話の通話はご遠慮ください」というマナーがあります。でも、もしガラガラの車内で自分以外に誰もいないときに電話がかかってきたら、ルールはさておき、迷惑をかけることはありません。

人が健全な精神状態を保つためにも、**同調すべきときと同調しなくても大丈夫なときをフレキシブルに状況判断する**ように心がければ、そんな窮屈さから解放されるのではないでしょうか？

グループで旅行に来たけどみんなで行くところはちょっとつまらないな…自由行動を提案してみよう
最初の乾杯はビールが暗黙の了解だけど最初から日本酒が飲みたいんだけどな…
お目当てのフェスに行くときいつも仲間と見た目を合わせてたけど次は自由な服で行こうかな
いつもみんなと同じじゃなくても大丈夫！マナーに反していなければそのときの状況で柔軟に考えよう

# 12 ホメ言葉を悪いふうにとらえなくする魔法

## ホメられることを否定してしまう人の心のなかで起きていること

世間には時々、やたらとネガティブにとらえてしまう人がいます。「その服かわいいね」と言われると、（なんか今、笑いながら言われた気がする…）「〇〇さんは仕事がデキるよね」という言葉には、（今辞められたら困るだけでしょ…）こんなふうに人のホメ言葉を素直に受け取れないタイプの人です。

もし自分があてはまると思ったら要注意です。**他人からのホメ言葉などを素直に受け止められず**、仕事で成功していても、「実力ではなく、運がよかっただけ」とか「どうせホメてるのには裏

### ホメられたら
### そのまま素直に受け止めよう

この前出してもらった資料のデータとてもよくまとまってたよ！さすがだね！

ありがとうございます！！

よし！ 次はもっといい資料を作るぞ！

がある」と思い込んでしまい、**自分の力を信じられない状態に陥っている**のは、**インポスター症候群**と呼ばれます。この状態の根底には、**自分に自信がなく自己肯定感が低い**ことがあります。

原因としては、過去のいじめ体験や周囲からのねたみなどのトラウマが関係していると考えられており、**「自分は成長（変化）してはいけない」**と思い込んでしまっているのです。ある意味、ストレスや不安からの**自己防衛行動**なのですが、こうした考えは心を不安定にさせ、いずれ精神を病んでしまう可能性があります。対策としては、基本的にネガティブになりがちなので、まず目の前のことに集中して未来を心配しすぎない。ホメられたら否定せず受け止める。どんなに小さなことでも自分をホメてあげる。そんなふうに少しずつ、心の持ち方を方向転換するよう心がけましょう。

昨日の残業のとき 差し入れをありがとう！ すごく気が利いた 美味しいもので みんな喜んでたよ！
No good…
よかったです… （さっき見たら 買ったお菓子、全然残ってたけどね…）
先週末のカラオケで 君があんなに 歌がうまいのには びっくりしたよ！ すごいね！
Goooood！
本当ですか！ うれしいです！ 学生時代に合唱部で 鍛えられたんで！

# 13 やりたくないことでもやろうと思える魔法

## 人の行動力を左右する「やる気」には2つの種類がある

仕事の資料作りやプレゼンの準備など、やらないといけないことはわかっていても、どこか面倒に感じてなかなか手をつけられないということは、誰にでもあるのではないでしょうか？

人の「やる気」には大きく分けると2つの種類があります。一つ目が**内発的動機づけ**で、「これをやるのが好き」と自らの心から生まれるやる気。もう一つが**外発的動機づけ**で、「人からホメられた」「やらないと叱られる」など、外側から与えられる刺激に対して生まれるやる気です。そして、

あまり気が進まない行動に取り組むときは動機づけを！

**外発的動機づけ**

よし！
この作業が終わったら
ステキなカフェで
まったりしよう！

**内発的動機づけ**

この文章の
打ち込みは、30秒で
どこまでできるか
ゲーム感覚で
楽しもう！

**外発的な動機づけが、元々持っていた内発的な動機づけに対してマイナスの影響を与えてしまう**ことがあり、これを**アンダーマイニング効果**と呼びます。たとえば、「やる気満々でボランティア活動に参加」→「報酬がもらえた」→「報酬がもらえないとやる気が出なくなった」という具合です。

やる気を維持するには、内発的動機づけに頼るのが近道です。面倒な仕事でも「やらされている」のではなく**「楽しいからやる」と、考え方をシフトチェンジする**ようにします。その際「仕事が終わったらステーキを食べる」と、**外発的動機づけを自分で設定する**のもいいでしょう。そして、目標を達成した際は**自分をホメてあげることが大切**です。自分なりのやる気の出し方を見つけることで、アンダーマイニング効果は起こりにくくなり、すんなり物事に取り組めるようになるはずです。

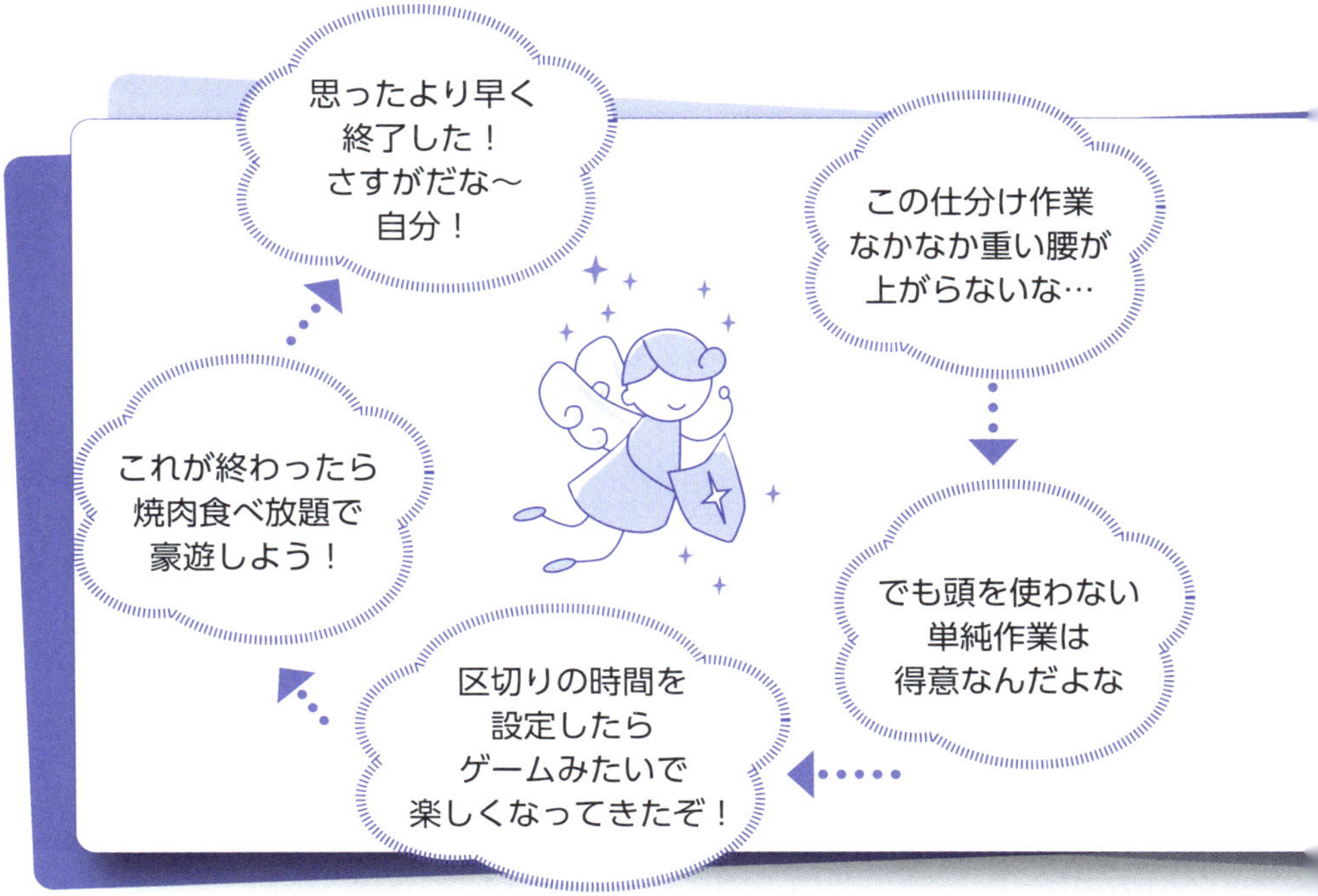
この仕分け作業なかなか重い腰が上がらないな…
でも頭を使わない単純作業は得意なんだよな
区切りの時間を設定したらゲームみたいで楽しくなってきたぞ！
これが終わったら焼肉食べ放題で豪遊しよう！
思ったより早く終了した！さすがだな～自分！

# 14 自分がストーカー加害者にならないための魔法

## 限られた人間関係だけに依存しているとストーカーになる危険性も

時々、ニュースでストーカーによる悲劇的な事件が世間をにぎわすことがあります。それはあくまでニュースの話であって、あなた自分がストーカーになる可能性など考えたこともないかもしれません。でも何かの機会に精神的に追い込まれてしまえば、誰だって自分の行動に歯止めが利かなくなる可能性は十分にあるのです。

ここでは自分自身が万が一でもストーカーになってしまわないための心がけをご紹介します。

ストーカーになりやすい人は、**ある特定の人と**

### 誰かに依存してしまいそうになったら

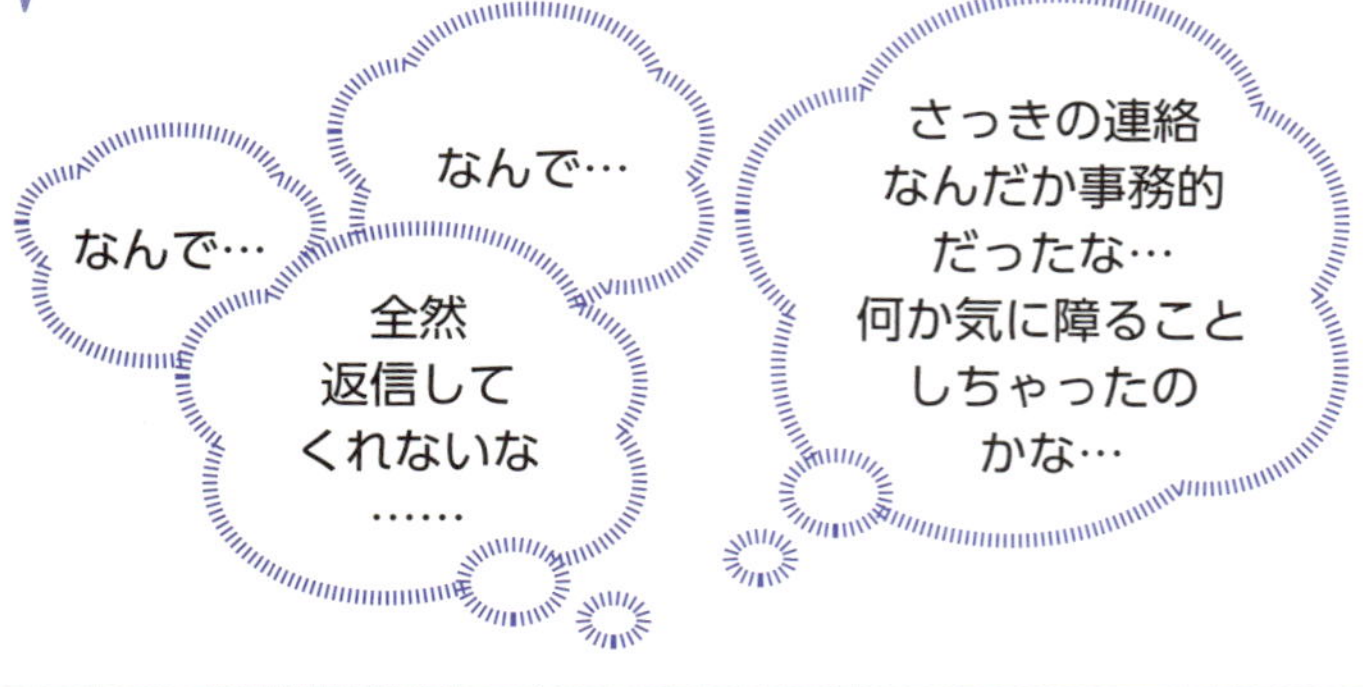
なんで…
なんで…
全然返信してくれないな……
さっきの連絡なんだか事務的だったな…何か気に障ることしちゃったのかな…

**の人間関係に依存しがち**です。家族間や恋人間など限られた関係のなかだけで日常生活を送り、友人や知り合いといった、**外に開かれた人間関係を築こうとしていないことが多い**のです。そこで、もし恋人関係が終わってしまうと、唯一頼りだった人間関係がなくなるので、孤独になりたくないという感情から相手に執着し、ストーカー化してしまうのです。相手の心が完全に自分から離れているのを無視し、まだ自分に気があると勝手に思い込んでしまうわけです。

ストーカーにならないための予防策としては、まず**相手に依存や執着しないよう自分自身が自立する**必要があります。精神状態を健全なまま維持するためにも、普段から意識してさまざまな人と交流をして、**困ったときに相談できるような人との人間関係を築いておく**のがいいでしょう。

よし！気になってたあの市民講座にひとりで見学に行ってみよう
今まで気がつかなかったけどこんなところにこんなに楽しいコミュニティがあるんだ！新鮮！
ちょっとしつこく連絡しすぎちゃったかな返事をくれないのも何か事情があるのかもしれないし
執着に気がついたらまわりに目を向けてみよう！今まで見えていなかった世界が見えてくるかも

# 15 叱られてもストレスが溜まらなくなる魔法1

## 同じように叱られている人を探してその光景を目にする

普段の生活で、ミスや失敗をおかさない人はいないと思います。それが自分だけの問題であれば同じ過ちを繰り返さないように心がければいいのですが、仕事などで他の人がからむと責任のある立場にいる上司から叱られるということもあるでしょう。ただ、他人から叱責されるのは誰にとっても気持ちがいいものではありません。

ここでは叱られたときに、心の持ち方次第でダメージを小さくする方法をご紹介しましょう。

仕事でミスをして、上司から叱られたとします。

**叱られても周囲を見回し**
**心のダメージを少なく！**

この前も言ったじゃないか！なんでこの表の縦軸と横軸が逆なんだ！！！

自分

逆のほうが見やすいってこの前の提出のときに提案したんだけどな…

自分の失敗を反省するのは当然ですが、叱られた際の心のモヤモヤは早く取り除きたいはずです。そこでおすすめの方法は、**自分を叱った上司が他の誰かを叱っているのを目撃する**ことです。

一見バカらしいと思われるかもしれませんが、これは心理学で**社会的比較**と呼びます。**周囲の人々と自分を比較することで、自分の社会における位置を確かめること**をいいます。「**他でも同じように叱られている人がいるので、自分だけが悪いわけではない**」と思うことで、叱られてモヤモヤした気持ちがふっきれるようになるのです。これは自尊心が傷つかないための防御のケースですが、**他と比較することで頑張る自分をつくり出す**こともできます。仕事で成功している人を見て、自分もあの人のように頑張ろうと思うなど、社会的比較はポジティブな働きにも活用できるのです。

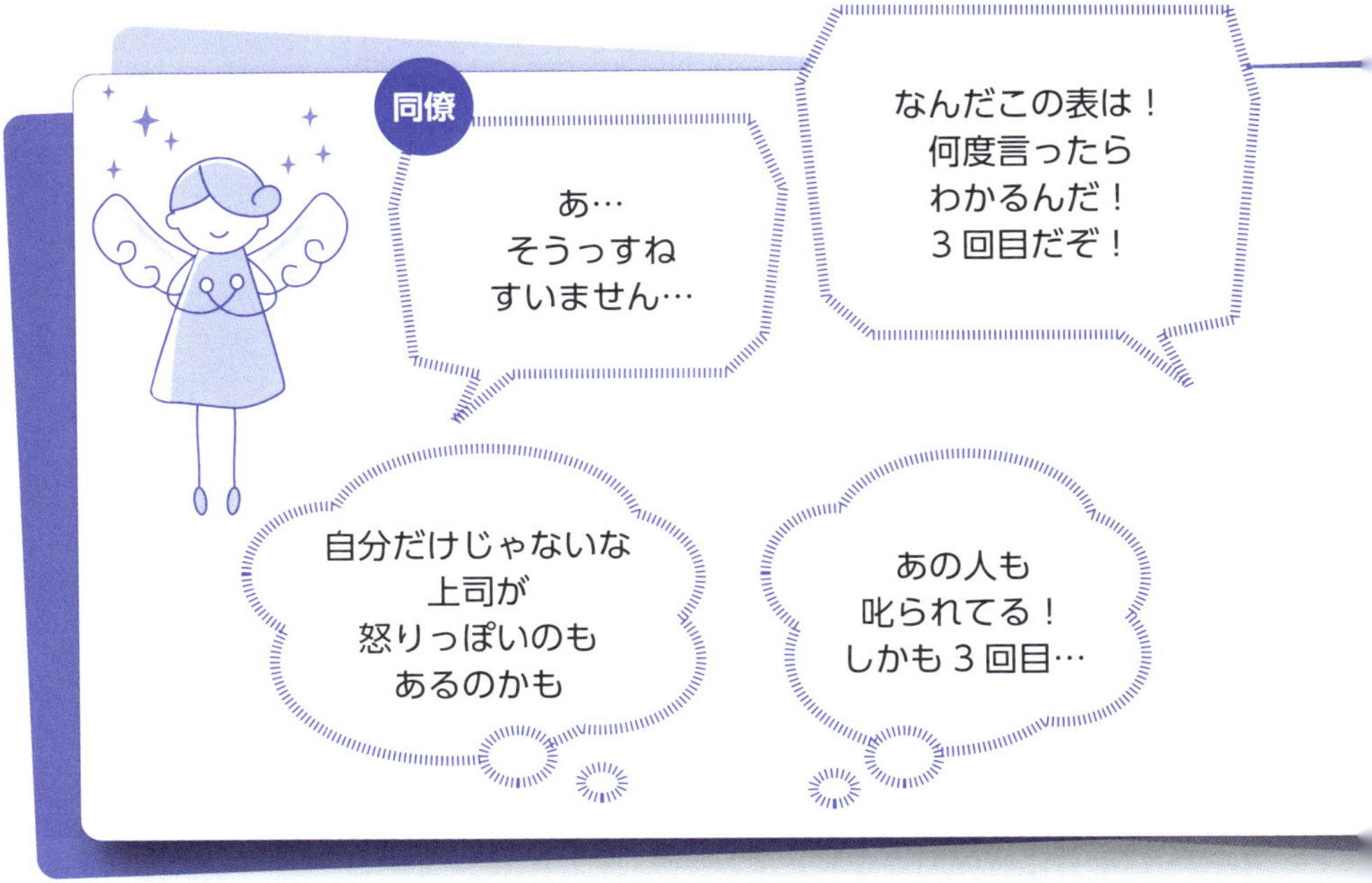

なんだこの表は！
何度言ったら
わかるんだ！
３回目だぞ！
同僚
あ…
そうっすね
すいません…
あの人も
叱られてる！
しかも３回目…
自分だけじゃないな
上司が
怒りっぽいのも
あるのかも

# 16 叱られてもストレスが溜まらなくなる魔法2

## 相手をかわいそうな人と思ってその場をやり過ごす

前項でご紹介したような「叱られてもダメージを小さくする方法」はもう一つあります。

まず叱られた際の上司のタイプを見極めてみましょう。大別すると、いつも朗らかで部下の面倒見のよい上司と部下のミスは自分の評価を下げるだけと自分の出世のことしか考えていない上司に分けられると思います。叱られるとしょんぼりしてしまうような上司は、たいていは後者のような人で、感情的に叱ったり、人の失敗につけ込んでくどくどと叱ったりするタイプが多いものです。

自分を叱った相手を
観察してみよう

なんだか
理不尽なことで
叱られているな…
今初めて
聞いたんだけどな

この前も言った
じゃないか！
なんでこんな
簡単なことが
できないんだ！！！

前者のような理想的な上司であれば、おそらく叱られても納得できるはずです。いっそのこと普段から**同一化**をしてみましょう。これは**優れた能力や名声を持つ人の行動を真似て自分を近づけることで、自分自身の価値を高める**ことをいいます。

でも、後者のような困った上司であれば、悪いところを見て**逆同一化**するのがいいでしょう。「自分が上司の立場になったらこういう人にはならないぞ」と反面教師にしてしまうのです。「**周囲から評価されていない人だから自分を叱ることで発散しているのだ**」と思い、こんな人に叱られても今だけ我慢しておけばいいのだと、マインドチェンジするわけです。ミスをしたことは素直に認めつつも、自分自身を責めるほうに意識を向けず、相手の都合で叱っているだけだからと思って、その場をやり過ごしてしまいましょう。

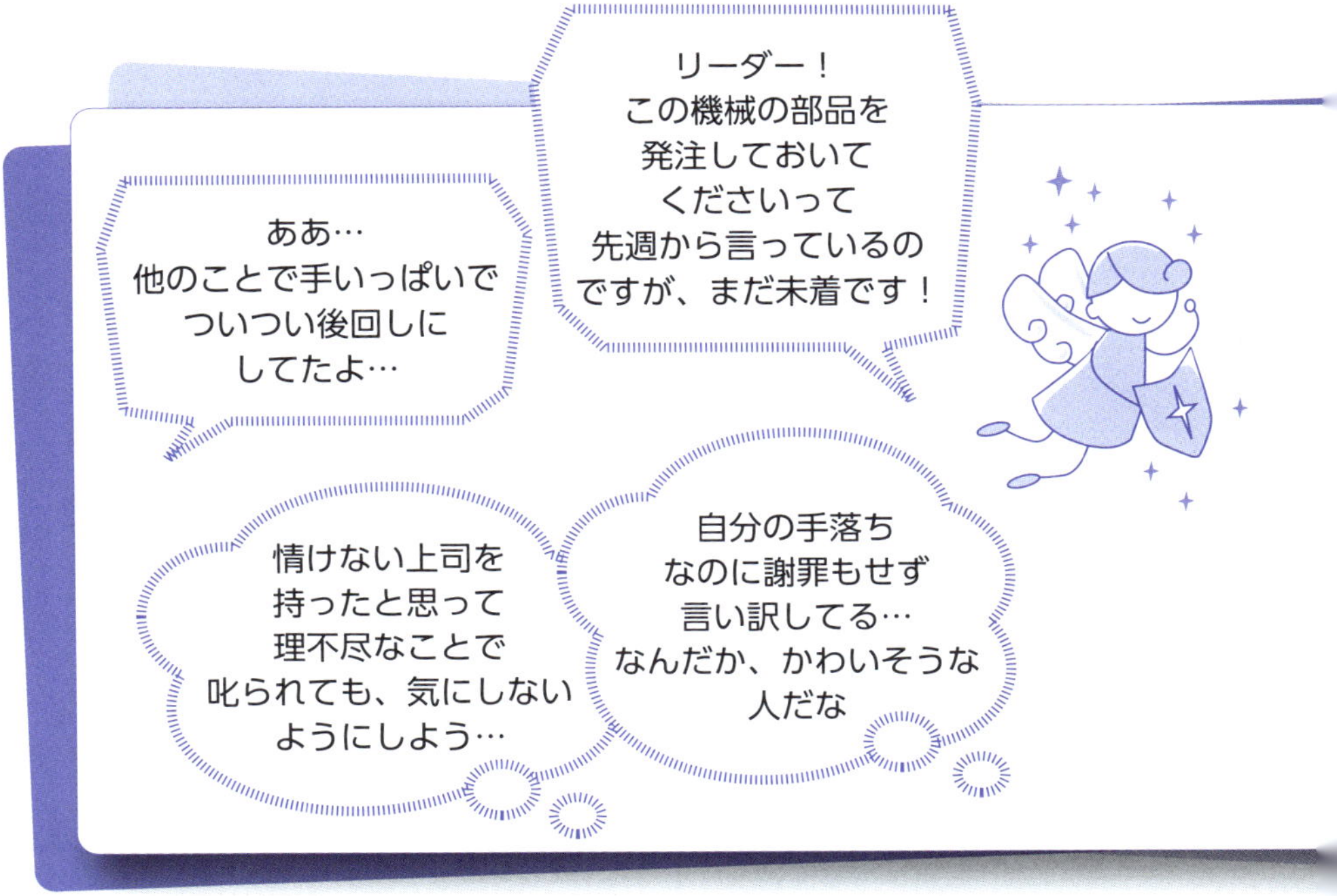
リーダー！ この機械の部品を 発注しておいて くださいって 先週から言っているの ですが、まだ未着です！
ああ… 他のことで手いっぱいで ついつい後回しに してたよ…
自分の手落ち なのに謝罪もせず 言い訳してる… なんだか、かわいそうな 人だな
情けない上司を 持ったと思って 理不尽なことで 叱られても、気にしない ようにしよう…

# 17 ネガティブな話が多い人を上手にかわす魔法

## 相手の話に耳を傾けず ポジティブな言い回しで上書きする

あなたの周囲に愚痴の多い人はいませんか?

特に酒の席などで、会社の上司や夫婦間のパートナー、身近にいる嫌いな人などについての愚痴を延々と聞かされた経験は意外とあるのでは。

愚痴を吐き出している側は、確かに自分自身に対する**カタルシス（浄化）効果**が期待できます。

これは**不安や不満、イライラや悲しみなどネガティブな感情を口に出すことで苦痛が緩和され、安心感を得られる**という心理効果です。

とはいえ、聞く側としてみればけっしてよい気

相手の愚痴を
聞かされそうになったら…

この前せっかく早く
帰れたのに、家に着いたら
急ぎで処理しないとならない
案件をお願いしたいって
会社から電話が
かかってきて…

またいつもの
愚痴が始まって
しまったな…

分ではありません。人の愚痴を聞いていると自分までつらくなってきて、明らかにストレスとなってしまうものです。心の健康を保つためには、他人の愚痴話はうまくかわしたほうが得策です。

もし相手が愚痴を言いはじめたら、その話に対して、**共感を示さない**ようにします。ただ、率直に「あなたの気持ちがわからない」と応じてしまうのは、人づきあいの面からNGです。上手なかわし方は、**相手のネガティブな感情をポジティブな言い回しで上書き**してあげればいいのです。

たとえば、「課長がいつもノルマのことばかりでうるさいんだ」という愚痴であれば、「でも課長は君のことをずいぶん評価してたよね」という具合です。**プラスのイメージを提示する**ことで、感情的だった相手を落ち着かせ、物事をポジティブにとらえるよう変えてしまうのです。

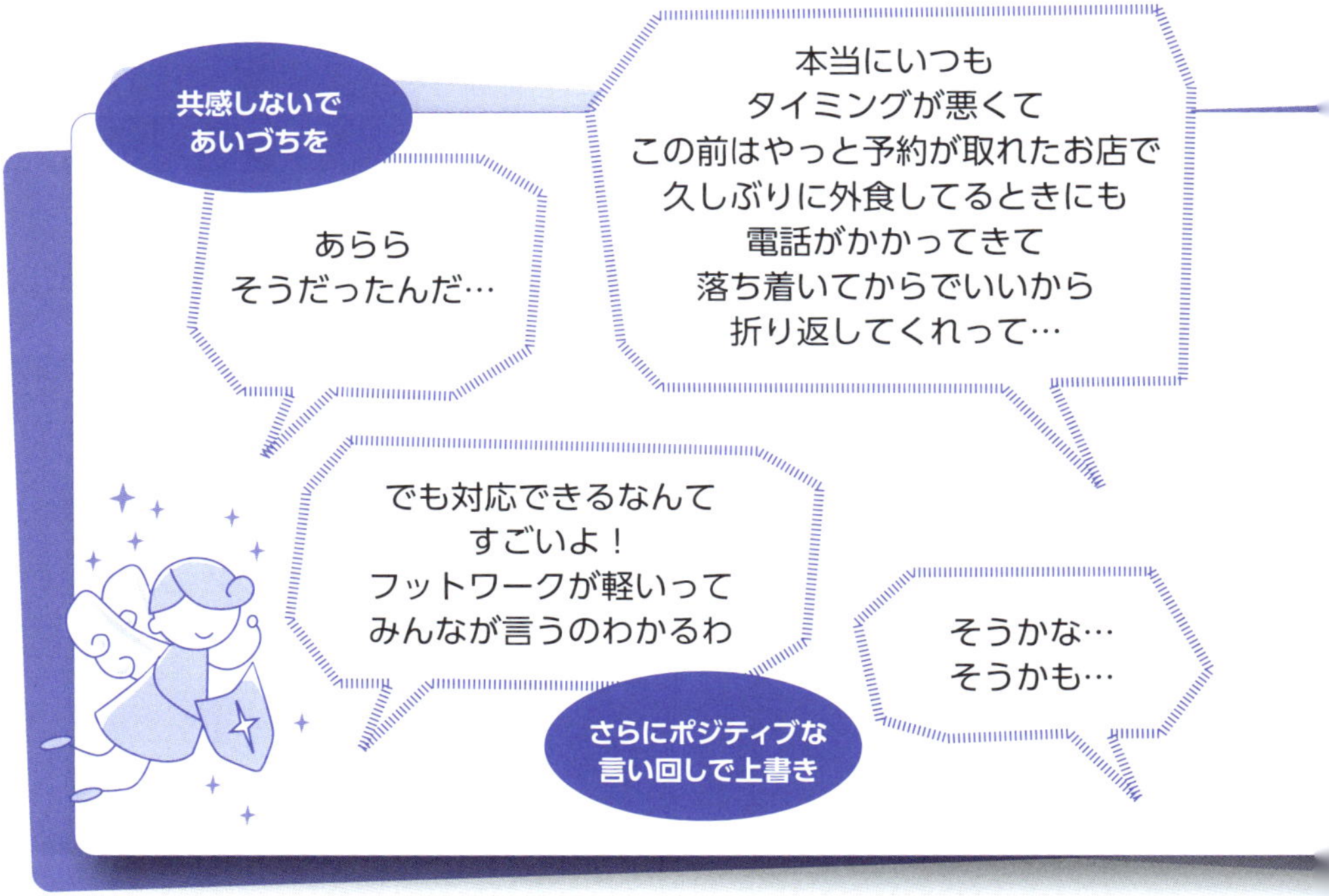
本当にいつも
タイミングが悪くて
この前はやっと予約が取れたお店で
久しぶりに外食してるときにも
電話がかかってきて
落ち着いてからでいいから
折り返してくれって…
共感しないで
あいづちを
あらら
そうだったんだ…
でも対応できるなんて
すごいよ！
フットワークが軽いって
みんなが言うのわかるわ
さらにポジティブな
言い回しで上書き
そうかな…
そうかも…

# 18 巧みな話術にだまされないための魔法1

## 最初に小さな頼み事をしてから大きな頼み事に変えるテクニック

日常生活で人に頼み事をしたり交渉したりするのはよくあること。ただ、考えなしに受けてしまうと損したような気持ちになることがあります。

たとえば、顔見知りが「昼ご飯に行きたいのだけど今持ち合わせがないから千円貸して」と頼んできたとします。あなたは千円くらいならいいかと思って財布を取り出すと、「やっぱり今日飲み会だから1万円でもいいかな？」という具合です。

これは**フット・イン・ザ・ドア・テクニック**と呼ばれています。セールスマンが、訪問販売の相

少しずつにじり寄ってくる
フット・イン・ザ・ドア・テクニック

今日のお昼代 2.000 円、
手持ちが 1.000 円しかなくて
申し訳ないけど
貸してくれるかな？
明日絶対返すからさ！

そうかー
まあ、明日返して
くれるならいいよ、
しょうがない

手にドアを開けてもらったらすぐに足を差し込むようにして、セールストークを聞いてもらうという行動にちなんだ名称です。**相手に軽い依頼をして、一度承諾を得られたら、次のお願いが難しいものでも断りにくくさせる**効果を狙っています。人は簡単な依頼だと思って軽い気持ちでOKしてしまうと、たとえ条件を上げられても**一度受けた手前、断りにくくなってしまう**のです。

貸すか貸さないかはあなた次第ですが、こうした手にのってだまされたような気持ちになるのは避けたいものです。ここでは、「千円なら貸せるけど、1万円は使い道が決まっているから無理です」とはっきり断るのがいいでしょう。「千円貸して」と最初に依頼されただけに、「千円なら貸せる」と返事をすれば、相手も自分も傷つくことなく、やんわり断ることができるはずです。

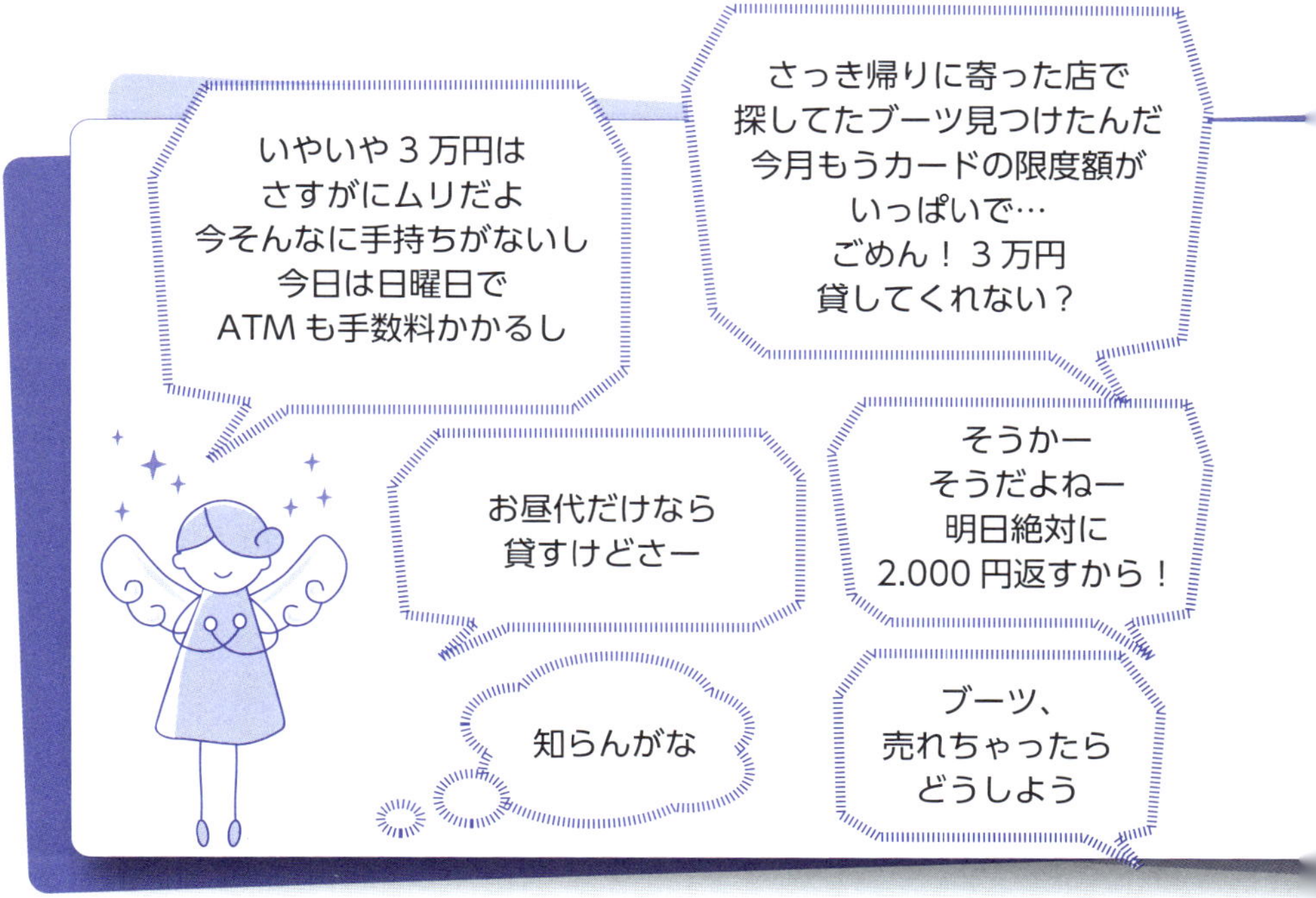

さっき帰りに寄った店で 探してたブーツ見つけたんだ 今月もうカードの限度額が いっぱいで… ごめん！ 3万円 貸してくれない？
いやいや3万円は さすがにムリだよ 今そんなに手持ちがないし 今日は日曜日で ATMも手数料かかるし
そうかー そうだよねー 明日絶対に 2.000円返すから！
お昼代だけなら 貸すけどさー
ブーツ、 売れちゃったら どうしよう
知らんがな

# 19 巧みな話術にだまされないための魔法2

## 最初に難しい頼み事をしてから簡単な頼み事に変えるテクニック

前項では小さなお願いから大きなお願いに移行することで相手に断りにくくさせる交渉術でしたが、大きなお願いをしてから小さなお願いに切り替えてくる話術もあります。それは**ドア・イン・ザ・フェイス・テクニック**と呼ばれています。

たとえば「今月の車のローンが払えないから10万円貸してもらえないかな?」と借金を依頼し、「そんな大金、いきなり貸せないよ」と断られたら「じゃあ1万円ならいい?」と額を下げて依頼するというもの。ちょっと大きめの金額を口にし

**うっかり引き受けてしまいそう!**
**ドア・イン・ザ・フェイス・テクニック**

このマンション の
管理組合ですが
次は○○さんに委員長を
お願いできればと
思うのですが…

そ、それは…
3カ月前に
引っ越してきた
ばかりですので…

て、それを一度断らせることにより、低めの金額の借金を受け入れさせるわけです。ここでは**拒否されることを見越して最初に難しい要請をした後、簡単な要請に切り替える**というのがミソです。最初の頼み事を断ると、若干のうしろめたさがあるので、次の頼み事が小さくなると「譲歩してくれたから」と引き受けてしまうという、人の気のよさにつけ込んだ交渉術といえます。

依頼される側としては、こうした相手の策略にのせられてしまうのはやはり悔しいものです。ここでは、「大変だね。でも、私もいろいろ支払いがかさんでいるから、コーヒー代くらいなら貸してもいいよ」と、本当に小さなお願いであれば受けることができると答えるのがいいでしょう。完全に拒絶していない分、自分の好感度を下げることなく相手の要請を断ることができます。

もう全員が役員を経験してしまっていて…それでは会計ではどうでしょうお引き受けいただけますか？
会計もちょっと荷が重いなあ
新参者なので…うーん…それでは防火責任者なら引き受けます！
ありがとうございます！

# 20 巧みな話術にだまされないための魔法3

## 好条件にすぐに飛びつくのは危険！ よくある安売り商法に注意

最後にご紹介するのは**ローボール・テクニック**です。この名称には、最初に低くてとりやすい球（ローボール）を投げておき、徐々に高さを上げていけば、少々受けづらい高い球であっても捕球しやすくなるという意味があります。**最初に魅力的な提案を相手に受け入れさせて、後に条件を追加して不利な内容をのませるという交渉術**です。

たとえば、携帯電話の料金で今の自分のものより安いプランを「業界最安値なのでオトクです」と提示されたとします。そこでOKの返事をして、

頼み事は最初に
きちんと確認してから引き受けよう

忙しいところ悪いんだけど
５分だけこの作業を
手伝ってくれるかな？
急ぎで頼まれちゃって

今ちょっとだけ
手が空いているから
いいよ！

いざ契約となったら、「これらのオプションをつけないと使いづらいですよ」と数々のオプションを提案されて、結局高い値段で契約させられてしまったというようなことです。**人は、一度好条件に承諾してしまうと、条件が変更されたとしても不思議と受け入れてしまうもの**なのです。

　こうした手口から自分を守るには、まず一度引き受けたら断りづらいという気持ち、交渉した時間を無駄にしたくないという気持ちを捨て去ることです。そして好条件につられてすぐにＯＫを出さないように、交渉の場ではつねに**「他に条件はないか」と確かめる**ようにして、すべての条件を明らかにした後で判断する癖をつけておきましょう。また、自分の目的に合うような条件であるかを冷静に把握するために、その場での返事を避けるよう普段から心がけておくのもいいでしょう。

あともう一つ、この仕分けもできたらお願いしたいんだけどな
これは５分で作業が終わらないぞ この後、自分の仕事も盛りだくさんに詰まってるのに
５分だけでできるところまで手伝うよ！ それ以上は自分の業務に支障ありそうだからね
引き受けた頼み事が大きくなってきたら「ここまでOK」をはっきりと！

# 21 失敗を恐れなくなる魔法

## 何度も何度も繰り返して練習することが成功への近道

明日は大きなプロジェクトのプレゼンの日。週末は趣味のピアノの発表会。そんな大きなイベントが近づくと、緊張して夜も眠れないなんてことは誰にでもあるものです。そのとき、心のなかにあるのは「失敗したらどうしよう」という不安感でしょう。やはり本番当日には何事もなくうまくやりきることが理想です。

周囲から期待を寄せられた際に、より高いパフォーマンスを発揮できるようになることを**社会的促進**と呼びます。反対に緊張してしまい、パ

不安要素がなくなるまで
体に染み込ませよう！

ドミナント反応

考えなくても
無意識に体が動くまで
十分に練習したぞ！
明日の部署対抗
綱渡り大会は
優勝してみせるぞ！

目を
つぶっても
できるぞ！

バランスの
とり方も
バッチリだ！

フォーマンスが下がってしまうことを**社会的抑制**と呼びます。周囲からの期待は当人にとってはプレッシャーとなるので、よくも悪くもパフォーマンスに影響が出てきてしまうのです。本番での成功を確実にするためには、**とにかく体に染み込ませるまで何度も何度も繰り返し練習すること**です。

**人は緊張すると、普段からもっとも慣れている行動をとる傾向がある**と考えられ、これは**ドミナント反応**と呼ばれています。あまり経験したことがない課題でも、十分な練習を重ねてしっかり学習しておけば、緊張してしまう本番でも練習通りのことができるというのです。反対に練習が足りず、学習が不十分なことは、本番で急にできるようにはなりません。

結局、緊張しても体が勝手に動くくらいしっかり練習しておくことが成功への近道なのです。

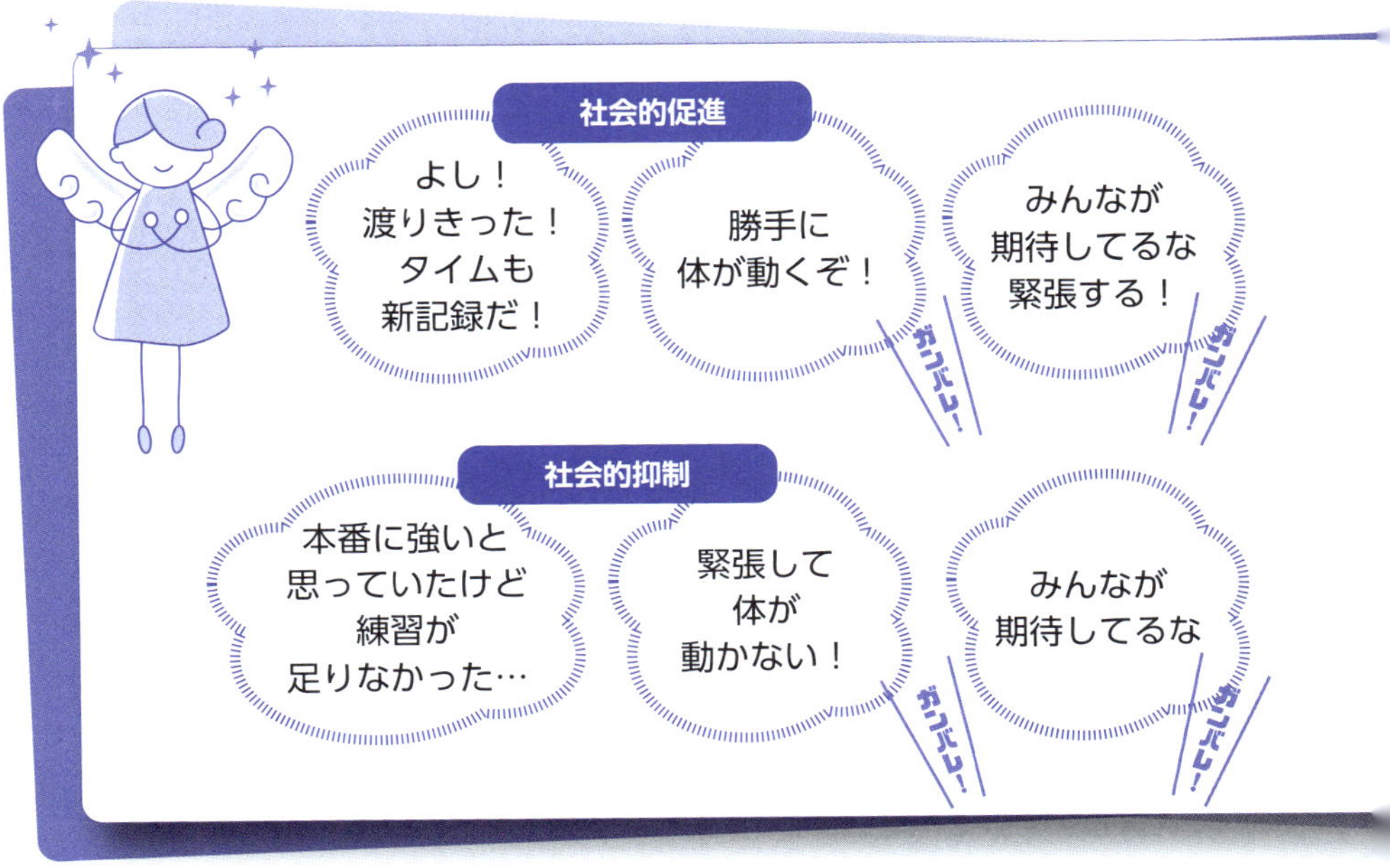

社会的促進
よし！渡りきった！タイムも新記録だ！
勝手に体が動くぞ！
ガンバレ！
みんなが期待してるな緊張する！
ガンバレ！
社会的抑制
本番に強いと思っていたけど練習が足りなかった…
緊張して体が動かない！
ガンバレ！
みんなが期待してるな
ガンバレ！

# 22 苦手な相手ともうまくつきあえる魔法

## 人格は嫌いでも意見は別と考えて同意したり支持したりする

食べ物に好き嫌いがあるように、人に対しても誰もが好き嫌いの感情や苦手意識を抱くのは当然でしょう。

とはいえ、職場や学校など、自分が日常生活を送っている場所で虫の好かない人と接していると精神的につらいのも事実です。できれば、苦手意識を少しでも薄くできれば気が安らぐはずです。

簡単にできる対策として、打ち合わせやミーティングなどの場でその人の意見を聞く機会があれば、**自分が納得できるところは同意したり支持**

### 苦手な相手に同意してみよう

自分：あの人はいつも服装が派手でちょっと苦手だな…

同僚：○○さん！次のミーティングの資料なんですが、こんな感じでまとめてみたので見てもらえますか

上司：もうできたのか！さすがだな！

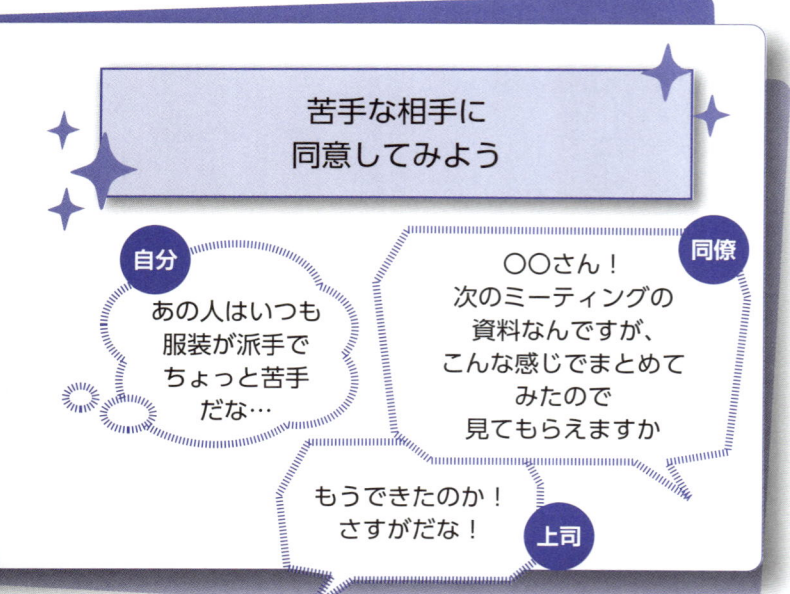

**してみたりする**ことからはじめましょう。「○○さん（苦手な人）の意見の□□の部分はとても的を射ていると思います」などと、その相手の前で発言してみるのもいいでしょう。

**人は、自分と同じ意見を持っている人に好意を抱く**ことがアメリカの心理学者**バーン**と**ネルソン**の実験でも証明されています。この実験は、教育や福祉、文学や人種問題などについてのアンケートを被験者に行った後、同様に行った他の人たちの結果を見せるというものです。すると、被験者は、自分と同じような意見を持っている人に対して好意を抱きやすいことがわかったのです。

苦手な人、虫の好かない人をただ拒絶するのは簡単です。それでも「**人格と意見は別**」と考えて、相手を受け入れることができれば、もっと自分の成長につながっていくはずです。

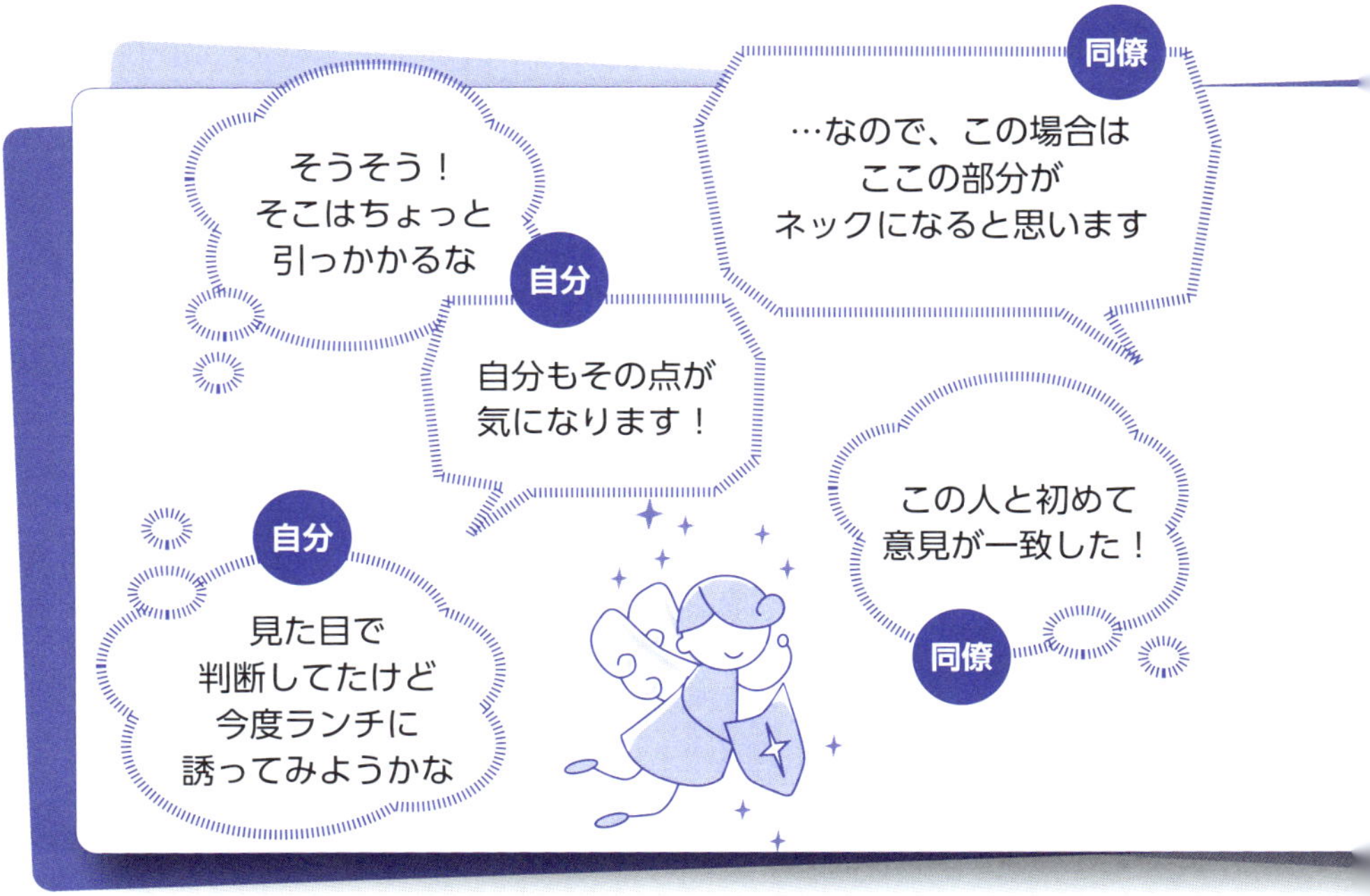
同僚
…なので、この場合は
ここの部分が
ネックになると思います
そうそう！
そこはちょっと
引っかかるな
自分
自分もその点が
気になります！
この人と初めて
意見が一致した！
同僚
自分
見た目で
判断してたけど
今度ランチに
誘ってみようかな

# 23 自分の評価を下げずに謝る魔法

## 謝罪の必要があるときは素早い対応で回数を重ねる

ミスは誰にでも起きてしまうものです。とはいえ、ミスを起こした際に誰かに迷惑をかけてしまったら、謝罪が必要です。この謝罪の仕方で、あなたの評価や信頼が大きく左右することもあるので、日頃から気をつけたいところです。

謝罪のテクニックの一つに、**複数回に分けて謝る**という方法があります。

これは社会心理学者の**ザイアンス**が提唱した**熟知性の法則**にあてはまります。**人は会う機会が多いとその相手に好意を感じやすくなる**という心理

### 謝罪をするには3段階が効果的

○○さん！
この前納品した製品の
色が違うって
連絡が来たよ！

なんだって！
すぐに
謝罪しよう！

効果です。謝罪したい相手には何度も足を運んで謝罪するのが理想ですが、すぐに会えない場合はメールや電話を利用するのもいいでしょう。

まずミスに気づいたら、できるだけ早く対応するのが鉄則です。ミスの起こった事態を報告しつつ深い謝罪の意をメールで送付します。ほぼ同時に電話をかけて謝罪の言葉を伝えます。その後、相手の都合を聞いて、直接会って謝罪しましょう。謝罪の際は、**「言い訳をしない」「問題発生の経緯をきちんと説明する」「今後のミスへの対応策を伝える」**ことを意識するようにしてください。

実際、会えることになったら、少し大げさと思えるぐらいの謝罪でちょうどよいです。感情的になっている相手には、「そんなに激怒させてしまったのはこちらの責任です」とその感情を認めてあげ、落ち着くのを待つのがいいでしょう。

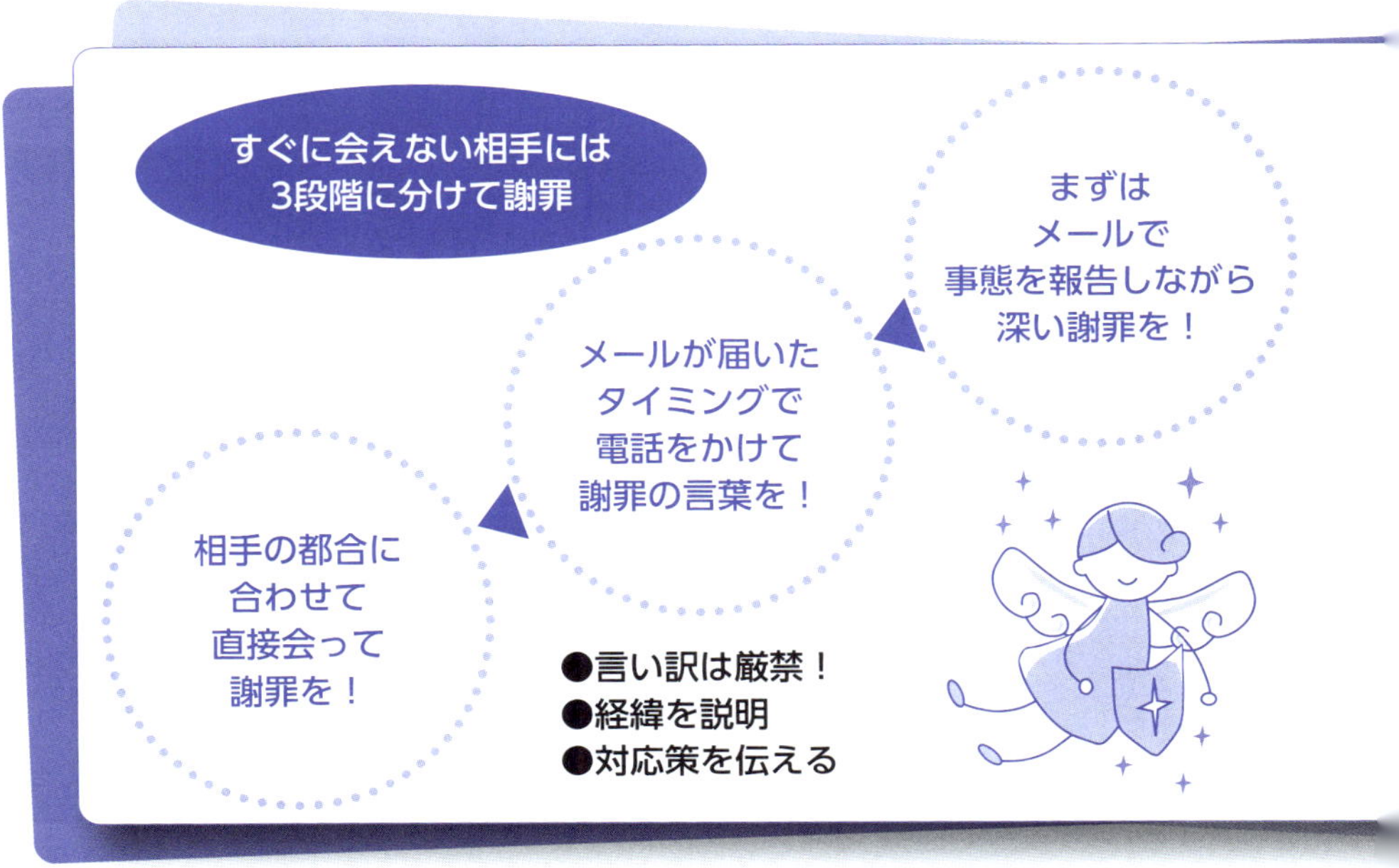
すぐに会えない相手には
3段階に分けて謝罪
まずは
メールで
事態を報告しながら
深い謝罪を！
メールが届いた
タイミングで
電話をかけて
謝罪の言葉を！
相手の都合に
合わせて
直接会って
謝罪を！
●言い訳は厳禁！
●経緯を説明
●対応策を伝える

# 24 気になる人と上手に距離を縮めることができる魔法

## なるべく近づきたい相手の目につくところにいるだけでOK

人づきあいの得意な人がいれば、不得手な人もいます。初めて出会った人とすぐに仲よくなれるような人であれば問題ないのですが、そうでない人のために、ここでは特定の人と仲よくするためのちょっとしたコツをお教えしましょう。

まずは**近接性**という心理効果があります。**人は物理的に距離が近い人に対して、親近感を抱きやすい**と考えられています。初めて会って話した人が自分と同じ地域に住んでいて話が盛り上がった。学校の新学期や会社の入社式などで近くに

知り合いではない人に
親近感を抱いてもらうには

〇〇県の〇〇市出身で
小学生の頃は
よく□□□広場で
サッカーを
してましたよ

そうなんですか！
自分も中学生まで
〇〇県の〇〇市に
住んでいて
□□□広場で遊んで
ましたよ！

初対面でも
同郷出身で親近感！

座った人を帰り道で見かけて一緒にカフェに行ったなど、皆さんも経験をお持ちでしょう。仲よくなりたい人がいても話しかける勇気がないときは、なるべく相手と距離の近いところにいるようにして、話すきっかけを探すといいでしょう。

そして前項で説明した**熟知性の法則**も活用できます。**通勤電車でいつも同じ車両にいる人にはなぜか親近感を覚えてしまう**という心理効果です。別の機会にどこかの街角で目にしたら知り合いに会ったような気がするものです。お近づきになりたい相手から目にされる機会を意識的に増やして、普段から挨拶を交わすなどをしておくと次のステップに進むのは比較的簡単になるはずです。

自分から積極的に接しようとしなくても、**近くにいて目につくようにしているだけで、相手との距離を縮めるチャンスはつかめる**ものなのです。

いつも同じ電車で同じ席に座っている素敵なあの人とお近づきになりたいな…
覚えてもらえるようになるべく近くの吊り革を使おう
たまに行くカフェでいつも同じセンターテーブルでラテを飲みながら本を読んでいるあの人とお話しできたらいいな…
次に行くときは必ず本を持ってセンターテーブルのはす向かいに座ってみよう

# 25 言い訳をせずに自分の成長につなげる魔法

## セルフ・ハンディキャッピングは自分の評価を下げるだけ

学生時代、試験前になると友人との間で「全然勉強してないんだ」という会話を交わした経験のある人は多いのではないでしょうか？

実際に、試験でいい点が取れなくても「勉強しなかったから」と言い訳できるし、いい点数が取れたら「勉強しなくても意外とできるんだ」と自分の評価を高めることができるので、どちらの結果に転んでも、自分のなかでは納得できるうまい言い訳といえるかもしれません。

このようなある課題に関して**うまくやり遂げる**

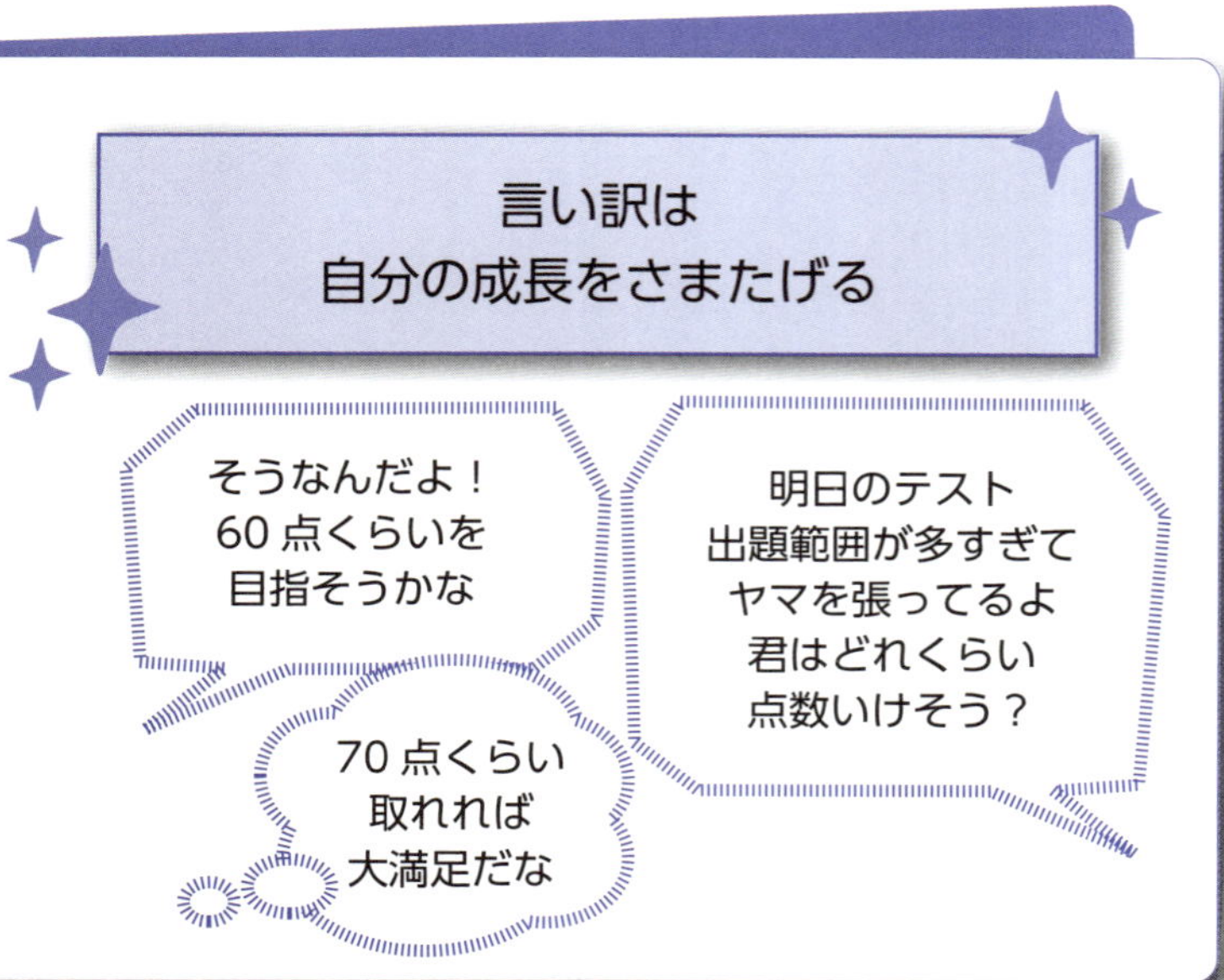
言い訳は
自分の成長をさまたげる
明日のテスト 出題範囲が多すぎて ヤマを張ってるよ 君はどれくらい 点数いけそう？
そうなんだよ！ 60点くらいを 目指そうかな
70点くらい 取れれば 大満足だな

**自信がないときに、わざと不利な条件や高すぎる目標などを設定して予防線をはる**ことを**セルフ・ハンディキャッピング**と呼びます。無意識のうちに、失敗したときに精神的ダメージを受けないよう前もって逃げ道を用意しているのです。学生時代であれば特に問題はないかもしれませんが、実社会に出てから同じことをしてしまうと、**気が弱く、やる気がない人とレッテルを貼られ、自分の評価を下げてしまう**こともあります。

　こうした言動を避けるためには、一種の**自己防衛行動**なので、今、自分は何を恐れ、何から身を守ろうとしているかを見つめ直してみるのがいいでしょう。恐れていることがわかれば、試験前なら勉強するなど、その対策を立てればいいだけです。たとえ失敗しても言い訳せずに乗り越えたことで自信がつき、成長へとつなげていけるはずです。

今年のピアノの発表会見に行くね！いつも練習を頑張ってるから楽しみにしてる！
ありがとう！でもギリギリまでどれくらい練習できるかな…なるべくミスを少なく弾けるように頑張る！
言い訳しないでたくさん練習して曲を完成させよう！それにミスしたっていいじゃない

# 26 自分自身をもっと愛せるようになる魔法

## ありのままの自分を認めてあげれば人生は前向きに好転する

人によって程度の差はありますが、自分を低く見てしまうことは誰にでもあると思います。

「彼氏にフラれたのは、私が美人じゃないから」「試験に落ちた僕は、ダメな奴かもしれない」

こんなふうに自分を否定的にとらえてしまい、自己嫌悪に陥るようなことです。少しくらいならまだしも、極端な方向に向かい「自分には価値がない」と思い込んでしまうとかなり問題です。

マイナス思考しがちな自分から逃れるためには、**自己受容**ができるようになることが必要です。

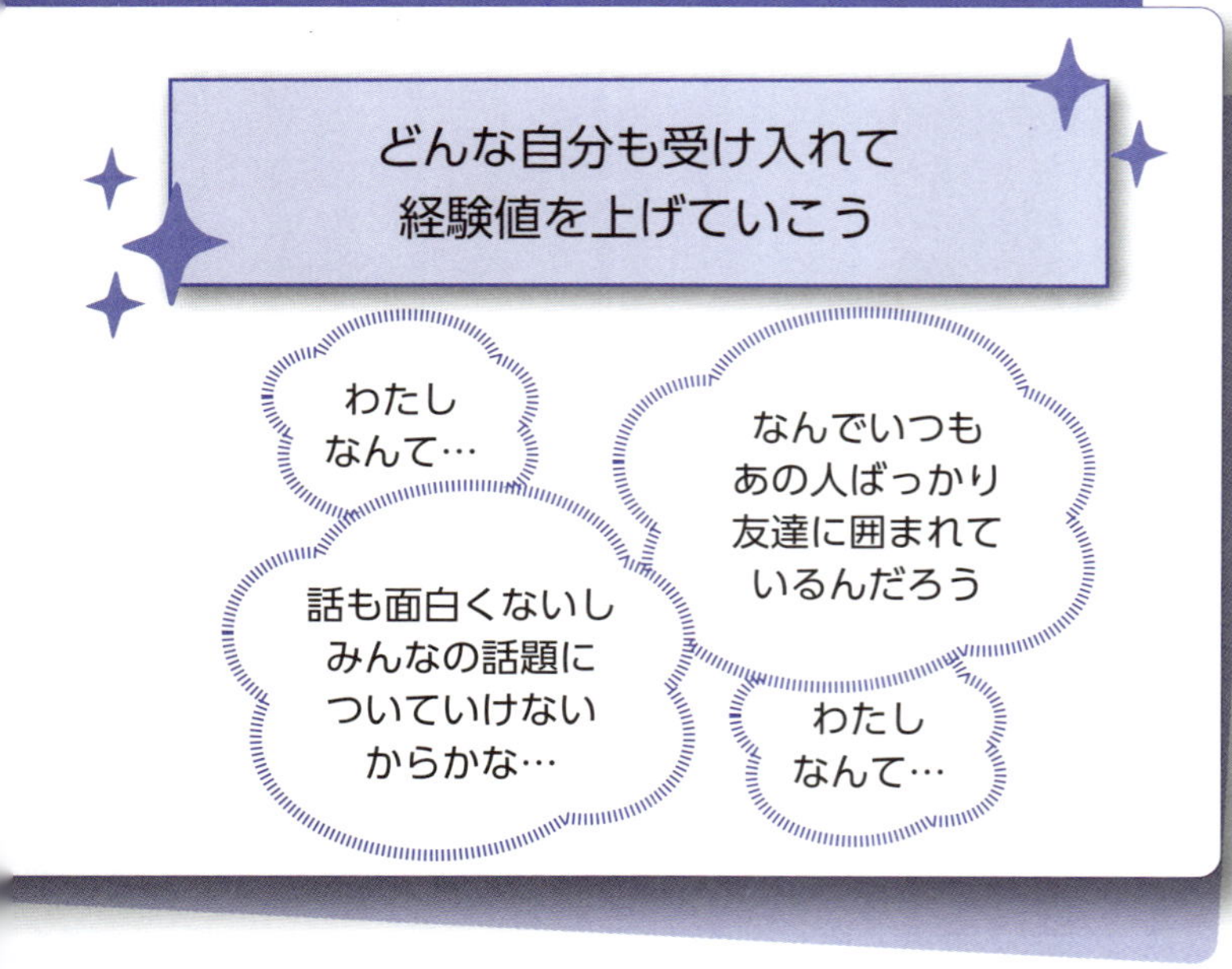
どんな自分も受け入れて
経験値を上げていこう
わたし
なんて…
なんでいつも
あの人ばっかり
友達に囲まれて
いるんだろう
話も面白くないし
みんなの話題に
ついていけない
からかな…
わたし
なんて…

自己受容とは、**ありのままの自分を認めてあげる**ことをいいます。容姿や性格、感情、環境、長所や短所など自分自身のあらゆる側面を理解し、**「どんな私も私なのだ」と受け入れ、自分にしかない価値をどう使っていくかを考えていく**ことです。現実の自分を認めてあげると、自分の力で何とかなるものであれば「どうすれば変えられるのか？」と**次の選択肢が生まれてきます**。「美人じゃない私」なら化粧や髪形の工夫をしたり、「試験に落ちた僕」であれば次の試験に向け、今までと違ったアプローチで勉強したりすればいいわけです。自分なりに対策をとり、少しでも成功につながれば、「ダメな自分思考」から脱却でき、頑張った自分をもっと受け入れることができるはずです。

結局、自分自身をきちんと愛することが自分を守り、経験値を上げられる一番の魔法なのです。

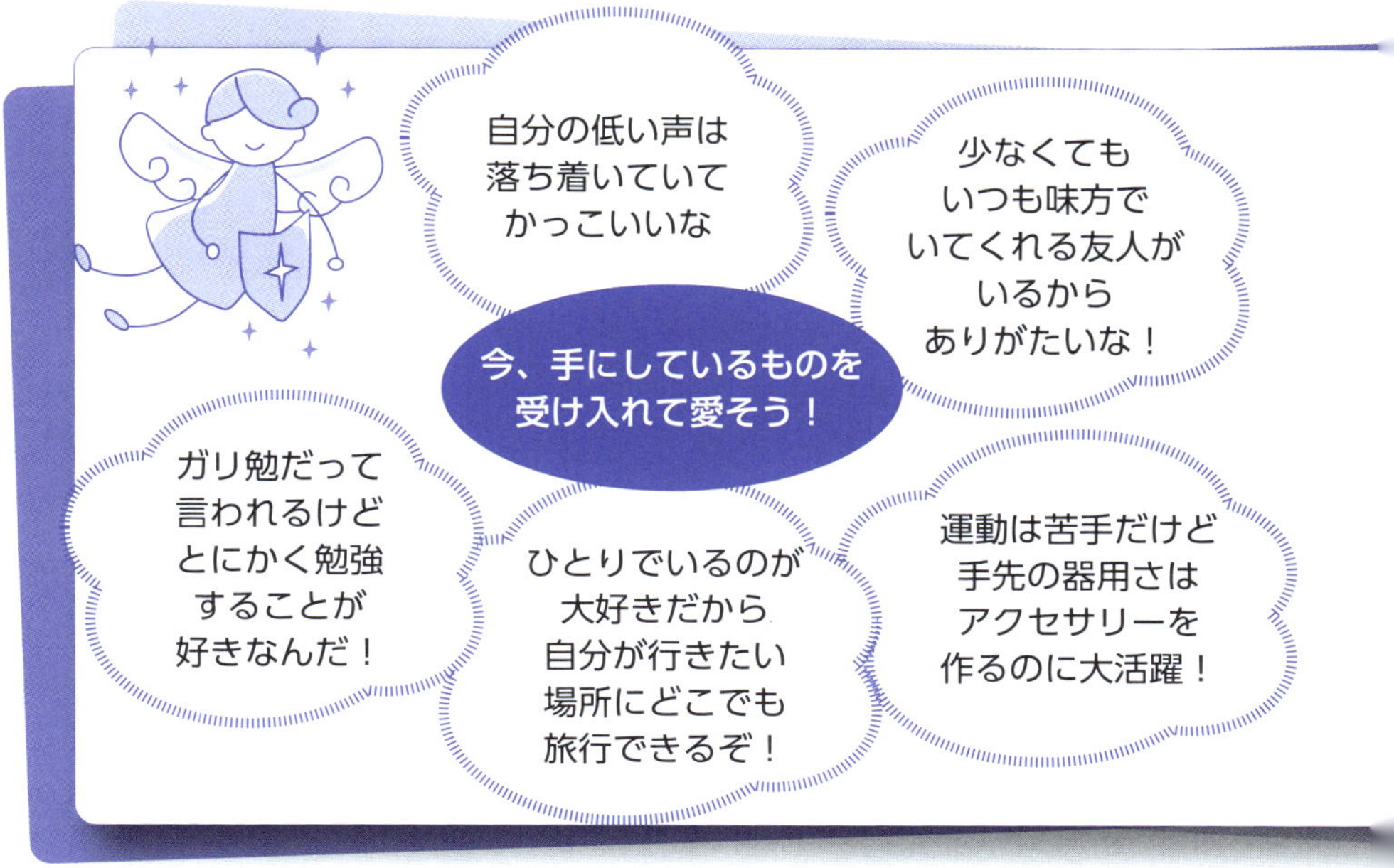
今、手にしているものを受け入れて愛そう！
自分の低い声は落ち着いていてかっこいいな
少なくてもいつも味方でいてくれる友人がいるからありがたいな！
ガリ勉だって言われるけどとにかく勉強することが好きなんだ！
ひとりでいるのが大好きだから自分が行きたい場所にどこでも旅行できるぞ！
運動は苦手だけど手先の器用さはアクセサリーを作るのに大活躍！

column 2

# 人の性格って何!?「キャラクター」と「パーソナリティ」

心理学では、人の性格をキャラクター（性格）、パーソナリティ（人格）という2つの言葉で定義しています。キャラクターは、その人が生まれたときから持っている資質、いわゆる先天的な特性を指し、パーソナリティは、生まれた後の育った環境の影響から培われると考えられています。性格が先天的な要素か後天的な要素のどちらに強く影響を受けるかについてはまだ結論が出ていません。環境や学習という後天的な要素で人の考え方や行動を左右するという解釈もありますが、一卵性双生児を観察したデータでは、違った環境で育った場合でも性格が似ているケースがよく見られています。このことからも、生まれつきのキャラクターに、成長とともに身につけたパーソナリティが合わさり、人の性格が形成されていくと考えられます。

性格に似た言葉に個性があります。個性とは、他の人と区別されたその人独自の特徴をいいます。元々英語で個性をあらわす「individual」には「分割できない」「他と置き換えられない」という意味があり、「あの人は個性的だ」など、性格だけではなく能力や容姿についても使われます。明るいとか怒りっぽいという人の性格も個性であり、服装や色の好みなども個性といえるでしょう。

個性がファッションの好みや行動などにあらわれるように、トータルな意味での性格は、人の行動の端々にあらわれてくるものです。

保存版

# 行動から
# 人の心がわかる魔法

## 目の「向き」でわかる相手の様子

（※本人から見た向き。左利きの人は反対に出る場合があります）

**視線が右上のとき**

ウソをつこうとしている。今まで見たことのない光景を想像している。

**視線が左上のとき**

過去の体験、以前見た風景を思い出している。

**視線が右下のとき**

肉体的苦痛など、身体的なイメージを思い描いている。

**視線が左下のとき**

音楽など、聴覚に関係するイメージを思い描いている。

## 目の「動き」でわかる相手の様子

**視線を右か左にそらす**

相手を拒否している。好意を抱いていない。

**目をキョロキョロ動かす**

不安感がある。心が落ち着かない。考えを巡らせている。

**視線を下にそらす**

相手を怖がっている。気が弱い人に多い。

**上目づかいで話す**

相手にへりくだっている。甘えたり、頼ったりしたいとき。

**見下ろしながら話す**

相手に対して支配的な態度。自分のほうが偉いと思っている。

## 手の「位置」でわかる相手の様子

### 手を隠す

相手の接近を拒否する心理行動。1対1で話しているときなど、自分の気持ちを相手に悟られたくないという心理状態と考えられる。

### 両手を広げる

相手に向かって両腕が開いているのは「受け入れ」のサイン。

### 腕組みをする

「自己防衛」のポーズともいわれ、相手を拒絶している心理状態。

## 手の「動き」でわかる相手の様子

### 軽く握っている

問題なし。会話を続けてもOK。

### こぶしを固く握る

話を聞きたくない、「NO」のサイン。

### 指でテーブルを叩く

トントンとテーブルを叩くのは苛立ちを示す動作。

### 指を広げている

リラックス状態。相手を受け入れている。

### 時計を触る

時間がたっぷりあるときでも、話をしながら時計を触るのは緊張を隠そうとしている。

### あごに手をやる

相手から口撃されているときの防御姿勢。また、ウソをつくときや自分の言葉に慎重になっているとき。

### 鼻を触る

相手の話を本当かどうか疑っているしぐさ。

## からだの動きでわかる相手の感情

### 話に興味があるとき

身を乗り出すように上体を前に傾け、脚を後ろへ引く。

### 話が退屈と思っているとき

頭を斜めに傾けたり、下げたり、片手で支えている。

### 相手に興味があるとき

相手に近づき、よく見ようとする。灰皿やカップなどテーブルの上にあるものを横にどける。

### 相手の話に反論があるとき

あごをひいて、上目づかいで見る。無意識の「威嚇」行動。

### 落ち着きがないとき

携帯電話をいじりだしたり、時計をチラチラ見たり、眼鏡などを触りだしたりするのは退屈のしるし。脚をやたらに組み替えたり、ブラブラさせたりするのは、その場から立ち去りたいという心理状態。

## うなずき方に表れる心理

### 話の流れを無視してうなずく

話の内容に関係なくうなずくのは拒絶のサイン。

### 3回以上繰り返してうなずく

社交辞令の可能性が高い。

### 身を乗り出してうなずく

相手に好意を抱き、話の内容にも興味がある。

# 足の「しぐさ」でわかる相手の様子

### 脚を閉じている

他人行儀で、相手に踏み込まれたくないという気持ちの表れ。

### 脚を開いている

男性のしぐさで、相手に対して開放的で好意を表す。

### 脚をひんぱんに組み替える

退屈しているしぐさ。

### 足首をクロスする

幼稚でロマンチストがよくするしぐさ。

### 左脚を上にして組む

積極的で開放的な性格。マイペースなところがある。

### 右脚を上にして組む

やや内気で控えめな性格の持ち主。

### 脚がドアの方向を向いている

早く話を終わらせて立ち去りたいという心理状態。

### 脚を前方に投げ出す

話に興味がなかったり、退屈している。

### 両脚を揃えて傾ける

自信家で自尊心が高い女性のしぐさ。おだてると調子に乗りやすい。

### 貧乏ゆすりをする

イライラしているときや、緊張や不満を感じているとき。立ち入ってほしくない話の内容のとき。

## 「話をやめて」と思っているしぐさ

### 意味のない動作

カップが空なのに飲もうとする。携帯電話をいじりだす。理由もなく手帳を開くなどの動作を繰り返す。

### 咳《せき》払い

話の途中でわざとらしく咳払いをしたら「拒否」を示している。話の内容に異議を唱えているというケースも。

### 椅子から腰を浮かせる

「早々に立ち去りたい」という無意識の意思表示。立ち上がる準備動作で、ひじ掛けをつかむのも同様の意味。

### やたらと席を外す

「ちょっと電話を」「ちょっとトイレ」と理由をつけて席を離れだすのは「そろそろ帰りたい」というサイン。

### 仁王立ちの姿勢をとる

セールスの際など相手がひじを張って仁王立ちで話すのは「ゆっくり話を聞くつもりはない」という意思表示。

### やたらとうなずく

話の流れを無視して必要以上にうなずくのは、「話を切り上げてほしい」というサイン。話を聞くのが面倒。

### 髪や耳などを触る

会話の途中ではじめたら「相手の話をやめさせたい」というしぐさ。癖の場合もあるので表情から判断を。

### 「とにかく…」が多くなる

「とにかく」は一種のまとめの言葉。話の途中で相手が連発しはじめたら、話を早く終わらせたほうが無難。

## 心が不安定なときに無意識に出るしぐさ

### 頬づえをつく

ぼんやりとした目で頬づえをついていたら、相手の話に退屈している証拠。頬づえはかわいそうな自分を慰めてくれる母親や恋人などの腕の代わりと考えられている。

### 髪を触る女性

精神的に不安定な状態のとき、髪に手をやるケースが多い。誰かに優しい言葉をかけてもらいたいとき、イライラしているとき、失敗などで後悔している際にも。

### 唇を触る

心が不安定な状態のとき、「落ち着きたい」という心理状態。乳幼児の際に母親のおっぱいに感じたような「安心感を得たい」という意味で甘えん坊な人に多い。

### ツメをかむ

心の動揺が強いときのサイン。依存心が強く、自立心が低い人が社会に出たばかりの頃によく出る癖。爪先がギザギザの人は強いフラストレーションを抱えている。

### こんなときは動揺している！

- 手元の紙などを丸める
- 頭をかく
- 鼻をつまむ
- 机にあるものを触る
- 手をこする
- ボタンを触る
- 手を組んだり離したりを繰り返す

# こころを開いているしぐさ

## 相手の体がこちらを向いている

あなたに対して興味があるというサイン。上体を前のめり気味にしていたら、かなり興味があると考えられる。

## 接近しても嫌がるそぶりをしない

手を伸ばしたら届くような距離でも、相手が不快な態度を示さないときは脈アリ。好意があると考えられる。

## 時々、体に触れる

異性の体に触れるのは好意の表れ。男性の場合は「モノにしたい」、女性は「距離を縮めたい」という心理。

## 手が自然な状態のまま

相手はあなたを受け入れている状態。もし腕組みをしていたら、「自己防衛」のポーズで「拒絶」を表している。

## 同じしぐさをする

あなたがコーヒーを飲んだら相手も飲んだり、脚を組んだら相手も組んだりするのは、親密さを感じている。

## プライベートな話をする

自分自身について突っ込んだ話をするのは、心を開いている証拠。通常、興味のない相手に対してはしない。

## 脚が自然な状態で開く

特に男性がとる姿勢で、座っているときに脚が開いていれば、相手に対して心を開き、好意を抱いている。

## いろいろな笑い方

### 「ハッハッハ」と快活に笑う人

口を大きく開けるというのは相手に心を開いているサイン。明朗快活で冗談好きな性格。感情のコントロールが利かず、ストレートな物言いで失言することも。

### 「フフフ」と含み笑いをする人

一見、表面上は笑っているが、実は冷静な心理状態。相手の表情を観察したり、自分の表情に気をつかったりと、感情のコントロールが上手にできるタイプ。

### よく笑う人

人と仲良くしたいという「親和欲求」が強いタイプ。いつも誰かと一緒にいるのが好きで、気持ちに余裕がある。

### 「フン」と鼻で笑う人

エリート意識が強く、相手を小バカにしている。鼻もちならない人物と思われることも多い。

### あまり笑わない人

好奇心旺盛だが、いつも緊張した生活を送っているような人。競争心が強く、人をライバル視したがる傾向も。

### 「ガハハ」と豪快に笑う人

心から豪快に笑う人は、小さいことにこだわらないタイプ。不自然な豪傑笑いは、気弱な人が劣等感を隠すため。

### 作り笑いを見抜く方法

**本当におかしいとき**

口が笑ってから目が笑う。体全体も楽しげに動く。

**お世辞笑い**

目と口が同時に笑う。あるいは目が笑っていない。

# 声のトーンでわかる性格

| 息が混じる 弱い声 | ♂ 芸術家肌。幼稚なところがある。 |
| | ♀ いかにも女性的な人。陽気で興奮しやすい。 |

| 鼻にかかる声 | ♂ ♀ 男性、女性ともに人をあまり信用しないタイプ。社会的に望ましくない性格の持ち主の可能性も。 |

| 緊張した声 | ♂ ケンカっ早く、がんこ。 |
| | ♀ 感情的で興奮しやすい。理解力が乏しい。 |

| はっきりとした声 | ♂ 精力的で洗練された印象。芸術家肌で面白い人。 |
| | ♀ 快活で社交的。美的センスがある。 |

| メリハリがある声 | ♂ 女性的で芸術家気質。神経質な一面も。 |
| | ♀ 精力的で明るい。外向的な性格。 |

| 低くて太い声 | ♂ 気取り屋で現実的。洗練された適応性を持つ。 |
| | ♀ 不注意で怠け者。感情を表に出さない。 |

| 力のない声 | ♂ 特に性格との相関関係はない。 |
| | ♀ 社交性はあるが感情的。ユーモアを解する。 |

# 色の好みからわかる性格

## 赤

野心家で出世欲が強く、積極的に行動するタイプ。押しが強すぎて人から敬遠されることもある。

## 青

内向的だが、客観的に物事を判断するタイプ。周囲からの信頼も厚い。言いたいことが言えず消極的な一面も。

## 黄

変化を好み、仕事に熱中する生真面目タイプ。頑張りすぎがたたって周囲になじめなくなることも。

## 緑

優越感や自負心の象徴色。がまん強く、堅実な考えの持ち主。男性の場合は、話が面白みに欠ける傾向がある。

## 白

真面目で正義感が強い、潔癖主義者や理想主義者。お人よしな面もあり、人に利用されることがある。

## 茶

暖炉や家庭、安全性の象徴色。協調性があり、人づきあいがよい。自分の意見を曲げないがんこさもある。

## オレンジ

陽気で明るく、話し好きで社交的な人気者。周囲の目を気にして自分を見失うこともあり。嫉妬深い傾向も。

## 黒

努力家で、思うようにならない現状を変えようとするタイプ。もったいぶった性格で飽きっぽい一面も。

あなたの人生をよりよい方向へといざなってくれそうな
心理学のテクニックを使った白魔法の数々。
楽しんでいただけましたでしょうか？
人の心は意外ともろく、傷つきやすいものです。
一度、傷ついた心を回復するには
時間がかかってしまうこともあります。
日頃から心がけていただきたいのは、
つねに心の動きを敏感にとらえ、
何か異変を感じたら早めに対策をほどこすことです。
自分の心や大切な人の心を守るために、
または癒したいと思ったときのために、
いつでも見られるように本書を身近なところに
置いておきましょう。

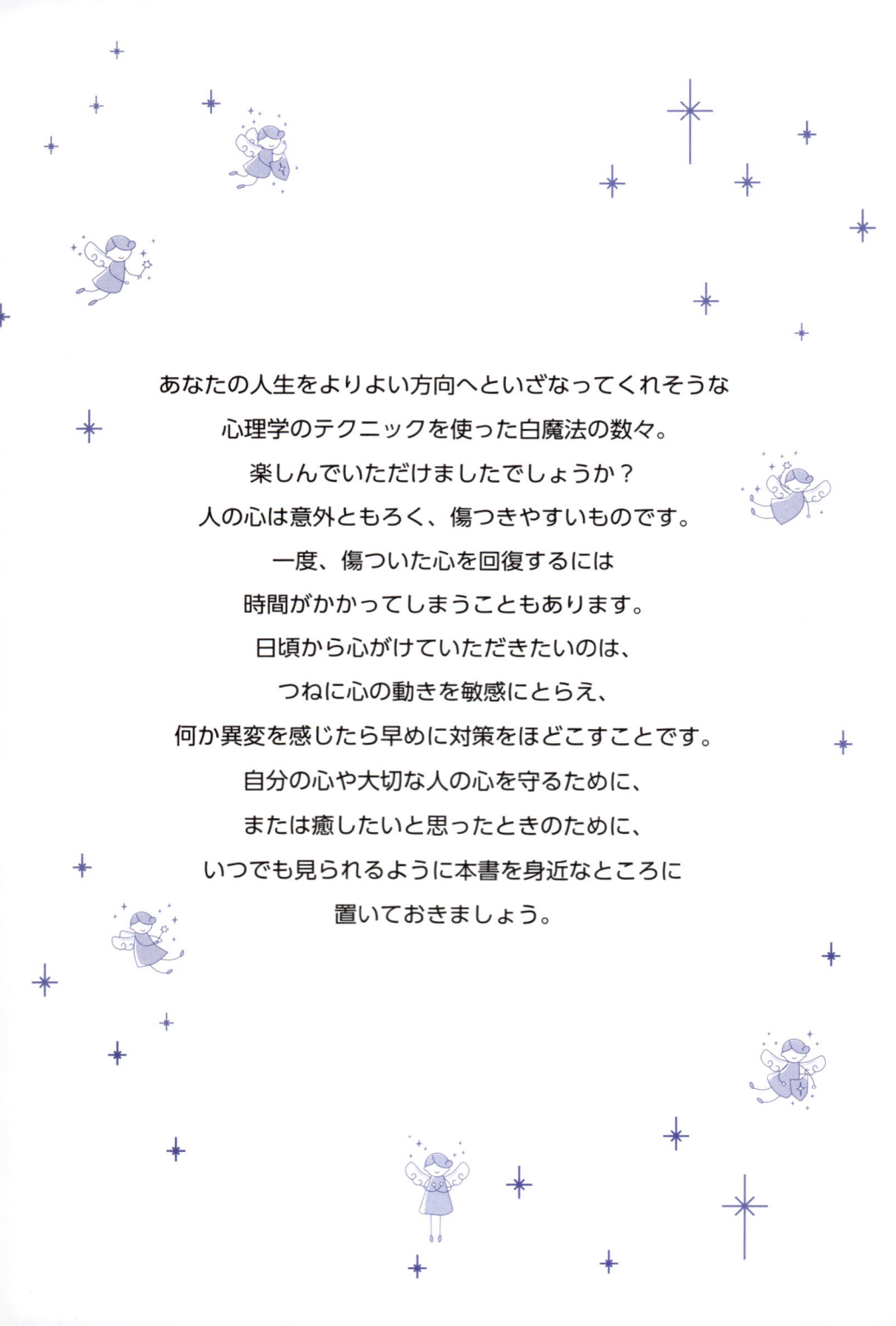